hänssler
ANDACHTEN

Corrie ten Boom

Dies ist der Tag

Mut und **Vertrauen**
für ein ganzes Jahr

Corrie ten Boom

die »Vagabundin Gottes«, wie sie aufgrund ihrer vielen, weltweiten Reisen genannt wurde, hat unzähligen Menschen die Botschaft von der Liebe nahegebracht. Was sie selber, nicht zuletzt im KZ, als Wirklichkeit erfahren hatte, bezeugte sie in Zeitschriften, Büchern und Filmen. Sie starb 91jährig am 15. April 1983.

4. Auflage 1998
hänssler-Andachten
Bestell-Nr. 393.204
ISBN 3-7751-3204-X

Originaltitel: This Day is the Lord's
Published by Fleming H. Revell Company, Old Tappan, New Jersey
Aus dem Englischen übersetzt von Friedhilde Horn

Dieser Titel erschien bisher als Edition-C-Taschenbuch mit der Bestell-Nr. 56.905.
Titelbild: Bildagentur Mauritius
Umschlaggestaltung: Stefanie Bunner
Satz: AbSatz Ewert-Mohr, Klein Nordende
Druck und Verarbeitung: Ebner Ulm
Printed in Germany

Januar

1. Januar

Gott segne dich in diesem neuen Jahr. Er möge dir viele Gelegenheiten schenken, auf dem Fundament, das Jesus Christus heißt, mit »Gold« und »Silber« so weiterzubauen, daß es in Ewigkeit seinen Wert behält.

> »Wenn aber jemand auf *den* Grund baut, Gold, Silber, Edelsteine, Holz, Heu, Stroh, so wird das Werk eines jeden offenbar werden ... von welcher Art eines jeden Werk ist, wird das Feuer erweisen ... « 1. Kor 3,12.13

Wenn unsere Hand in deiner liegt, Herr Jesus, dann sind wir allem, was uns angreift, überlegen, weil dein Sieg auch unser Sieg ist. Halleluja!

2. Januar

Die Bibel sagt uns, daß Gott die Erde durch Jesus schuf. Er war bei Gott, als dieser auf die neu ins Dasein gerufene Welt blickte und sie für sehr gut befand. Doch dann geschah das Schreckliche, daß der Mensch sich von Gott abwandte und aus Gottes Gegenwart weggeschickt wurde. Damit war die Sünde in der Welt und mit ihr: Elend, Krieg, Leiden, Ungerechtigkeit, Tod. Und als Gott dann seinen Sohn auf die

Erde schickte, um für die Verlorenheit dieser Welt zu sterben, wollten viele Menschen nichts von ihm wissen. Wie stehst du zu ihm? Ist er für dich Herr und Erlöser?
Jesus war tatsächlich vor allen Menschen in der Welt, weil die Welt durch ihn erschaffen wurde, und trotzdem erkannte diese Welt ihn nicht (s. Joh 1,10).

> »Er war in der Welt, und die Welt ist durch ihn gemacht; aber die Welt erkannte ihn nicht.«
> Joh 1,10

> »...Gott war in Christus und versöhnte die Welt mit sich selbst und rechnete ihnen ihre Sünden nicht zu und hat unter uns aufgerichtet das Wort von der Versöhnung.« 2. Kor 5,19

Vater im Himmel, wir können die wunderbare Einheit zwischen dir und deinem Sohn niemals vollkommen verstehen. Und ebensowenig begreifen wir die Tatsache, daß du uns so sehr liebtest, daß du uns deinen Sohn schenktest, damit wir den Weg zu dir zurückfinden sollten. Wir fassen es nicht, daß du uns unsere Schuld nicht länger anrechnen willst. Wir preisen deinen heiligen Namen.

3. Januar

Als Jesus alles vollbracht hatte, konnte Gott uns wieder in die Position zurückversetzen, für die er uns anfänglich geschaffen hatte: Wir sollten Menschen nach seinem Ebenbild und nach seiner Art sein. Wir waren dazu bestimmt, Macht über böse Geister zu haben und sie zu beherrschen, und vor allem sollten wir mit ihm selbst Gemeinschaft haben. Wie lautet unsere Antwort auf sein Angebot?

> »...legt ab ... denn ihr habt den alten Menschen mit seinen Werken ausgezogen und den neuen angezogen, der erneuert wird zur Erkenntnis nach dem Ebenbild dessen, der ihn geschaffen hat.« Kol 3,9.10

Vater im Himmel, wie unermeßlich ist deine Gnade, deine Güte und liebevolle Fürsorge für uns. Wir möchten unser Leben ganz neu dir zur Verfügung stellen. Laß uns treu sein.

4. Januar

Gott hat immer wieder den Kontakt zu seiner Schöpfung gesucht. Er hat sie niemals vergessen. Es war sein Wille, daß der Mensch über diese Schöpfung herrschen sollte, aber in Gemeinschaft mit ihm selber sollte das geschehen. Darum machte er den Menschen nach seinem Ebenbild.

> »Und Gott sprach: Lasset uns Menschen machen, ein Bild, das uns gleich sei, die da herrschen...« 1. Mose 1,26

Himmlischer Vater, welch eine wundervolle Berufung hast du uns zugedacht. Vergib uns, daß wir so oft dein Bild verdorben haben. Doch wir danken dir, daß du durch deinen Sohn alle Dinge neu machst, sogar uns. Laß uns zu deiner Ehre leben.

5. Januar

Viele Menschen schlagen sich mit dem Problem der Sünde herum und versuchen, davon loszukommen. Wir kennen diesen »circulus vitiosus« (Teufelskreis) des Fallens und Wiederaufstehens und wieder Fallens und des immer neuen Versuchens, ein Leben nach dem Willen Gottes zu führen. Wir mögen auch eine Zeitlang Erfolg mit unseren Bemühungen haben – doch irgendwann versagen wir wieder aufgrund unserer angeborenen sündigen Wesensart. Die Macht des großen Gegenspielers hält uns in dieser tödlichen Tretmühle gefangen.

> »So gibt es nun keine Verdammnis für die, die in Christus Jesus sind. Denn das Gesetz des Geistes, der lebendig macht, in Christus Jesus, hat dich frei gemacht von dem Gesetz der Sünde und des Todes.« Röm 8,1.2

Herr, lehre uns, was das heißt, daß wir nicht mehr von unserer alten Natur beherrscht werden, wenn wir »in dir« sind. Laß uns die Freude erfahren, die in der Auslieferung unseres Lebens an dich liegt.

6. Januar

Jesus kam in die Welt, um uns aus dem Teufelskreis der Sünde herauszuholen. Wir sollen ein Leben nach seinen Normen führen. Dazu will er uns in den Wirkungsbereich seines Heiligen Geistes versetzen. Wenn wir nun dennoch sündigen, dürfen wir es ihm augenblicklich bekennen und werden von aller Schuld befreit. Nach dem Bekennen unserer Schuld und der Bereinigung ist in uns Raum, daß der Heilige Geist uns erfüllen und in uns wohnen kann. Wir sollten es uns angewöhnen, jede, auch die kleinste Sünde, sofort zu bekennen und so mit Gott »ins Reine« zu kommen.

> »... ich schreibe euch, daß euch die Sünden vergeben sind um seines Namens willen ...«
> 1. Joh 2,12

Danke, Herr, daß du dein Blut für uns vergossen hast – auch für mich – und daß es mich reinigt von aller meiner Schuld.

7. Januar

Wenn ein Christ ein Versprechen abgibt und es dann nicht hält, erklärt er oft leichthin, daß er sich geirrt habe oder daß es ein Fehlschluß gewesen sei. Doch in den meisten Fällen ist es gar kein Versehen, sondern es wäre sowohl wichtig als auch möglich, das Versprechen zu halten. Der Fehler besteht darin, daß man das gesteckte Ziel aus dem Auge verloren hat.

> »Wenn du ihn bitten wirst, wird er dich hören, und du wirst deine Gelübde erfüllen.«
> Hiob 22,27

Hilf uns, Vater, deinen Geboten zu gehorchen und unsere Versprechen ernst zu nehmen. Wir möchten dich ehren.

8. Januar

Wenn du jemals etwas Unsinniges versprochen hast, rede darüber mit dem Herrn, aber schüttle es nicht einfach ab. Ein gebrochenes Versprechen ist eine Sünde und eine Beleidigung Gottes. Solange die Einlösung gebrochener Versprechen nicht nachgeholt wird, ist es kaum möglich, Fortschritte auf dem Weg der Heiligung zu machen.

> »Opfere Gott Dank und erfülle dem Höchsten deine Gelübde.« Ps 50,14

Nimm meinen Willen, Herr, und laß ihn dir geweiht sein.

9. Januar

Wenn das Gute, das du tust oder tun wirst, schlecht gemacht wird, wenn deine Wünsche durchkreuzt werden, wenn dein Geschmack beleidigt wird, dein Rat mißachtet und deine Meinung lächerlich gemacht wird – wenn du das alles in Liebe und Geduld hinnimmst: Das ist Sieg!

> »Der nicht widerschmähte, als er geschmäht wurde, nicht drohte, als er litt, er stellte es aber dem anheim, der gerecht richtet...«
>
> 1. Petr 2,23

Herr, mache uns dir ähnlicher. Hilf uns, den Sieg zu behalten in den kleinen Dingen des Alltags.

10. Januar

Wenn dir jede Nahrung recht ist, wenn du auch mit jeder Kleidung, jedem Klima, jeder Gesellschaft und jeder Lebensstellung, jeder Vereinsamung, in die der Herr dich führt, und mit jedem seiner »Umwege« zufrieden bist – das ist Sieg!

> »...ich habe gelernt, mir genügen zu lassen, wie's mir auch geht. Ich kann niedrig sein und kann hoch sein; mir ist alles und jedes vertraut; beides, satt sein und hungern, beides, Überfluß haben und Mangel leiden.« Phil 4,11 b.12

Hilf mir, Vater, mich selbst genau zu prüfen, um festzustellen, ob ich wirklich dieses Geheimnis gelernt habe. Wenn nicht, dann lehre du es mich bitte.

11. Januar

Wenn dir nie daran liegt, dich selbst oder dein Tun im Gespräch besonders zu erwähnen – wenn du fröhlichen Herzens ertragen kannst, unbekannt und im Hintergrund zu bleiben: Das ist Sieg!

> »Denn Gott ist nicht ungerecht, daß er vergäße euer Werk und die Liebe, die ihr seinem Namen erwiesen habt, indem ihr den Heiligen dientet und noch dient.« Hebr 6,10

Herr, hilf mir, nicht nach der Anerkennung oder dem Lob von Menschen Ausschau zu halten. Laß mich zufrieden sein mit der Tatsache, daß du weißt, auf welche Weise ich dir diene.

12. Januar

Der vollkommene Sieg besteht darin, »den Herrn Jesus anzuziehen« und so das eigene Ich zu überwinden.

> ». . . laßt uns . . . anlegen die Waffen des Lichts . . . zieht an den Herrn Jesus Christus und sorgt für den Leib nicht so, daß ihr den Begierden verfallt.«
> Röm 13,12b.14

Danke, lieber Herr, daß du uns in dir und durch dich zu Siegern machst.

13. Januar

Oft sagen die Menschen, *eine* Religion sei so gut wie die *andere.* Aber es gibt da einen großen Unterschied zwischen Religion und dem christlichen Glauben. Religion lehrt den Menschen, den Versuch zu machen, sich von der Erde zum Himmel aufzuschwingen. Christlicher Glaube gründet sich auf Christus. Er kam aus dem Himmel auf die Erde, um all denen, die ihm Glauben schenken, das ewige Leben zu geben.

> »Der hinabgefahren ist, das ist derselbe, der aufgefahren ist über alle Himmel, damit er alles erfülle.« Eph 4,10

Vater, hab Dank, daß du uns deinen Sohn sandtest, und daß er uns den Weg zu dir freimachte.

14. Januar

Die Religionen beschäftigen sich mit einzelnen Sünden, mit Schuld. Die Bibel spricht von »Sünde« schlechthin. Unser Herr trug die Verlorenheit der ganzen Welt, indem er sich mit uns identifizierte. Er nahm die Sünde auf sich, als ob es seine eigene wäre, nicht nur so aus Mitgefühl. Und da Gott seinem eigenen Wort treu bleiben mußte, hatte Jesus die Konsequenzen der Sünde zu tragen: den Tod am Kreuz.

»...ihr seid teuer erkauft...« 1. Kor 6,20

Wie können wir dir, Herr Jesus, jemals danken, daß du eingewilligt hast, die Konsequenzen unserer Sündhaftigkeit zu tragen? Hilf uns dazu, daß unser Leben dich ehrt.

15. Januar

Warum sehnen wir uns danach, daß der Herr wiederkommt? Weil wir ihn lieben. Und er liebt uns unendlich mehr als wir ihn. Dies ist der Grund, warum ich davon überzeugt bin, daß er sich nach diesem Tag noch viel mehr sehnt als wir.
Wir wissen, daß wir bereit sein müssen für seine Wiederkunft – in jeder Hinsicht bereit. Und wenn uns wirklich die Hoffnung auf diesen Tag erfüllt, dann werden wir uns darauf einstellen.

»Und ein jeder, der solche Hoffnung auf ihn hat, der reinigt sich, wie auch jener rein ist.«
1. Joh 3,3

Hilf uns Herr, daß wir nicht vergessen, daß wir uns täglich reinigen müssen. Hilf uns, daß wir am Tag deiner Wiederkunft bereit sind. Welche Freude wird es dann sein, dich zu sehen!

16. Januar

»Aber«, so magst du sagen, »so oft gebe ich mir äußerste Mühe und versage doch immer wieder. Ich schaffe es einfach nicht. Soviel ich mich auch zusammennehme, um ein reines und heiliges Leben zu führen und in einer guten Beziehung zu Gott und Menschen zu bleiben, fühle ich mich doch immer wieder zutiefst angefochten durch die Fallstricke des Bösen.«
Ich glaube, daß in diesen Tagen der Satan ungeheuer aktiv ist mit seinen Angriffen auf die Kinder Gottes. Er weiß, daß seine Zeit nur noch kurz bemessen ist. Aber in Wirklichkeit ist er ein bereits überwundener Feind.

> »Wenn es aber jemandem unter euch an Weisheit mangelt, so bitte er Gott, der jedermann gern gibt und niemanden schilt; so wird sie ihm gegeben werden.« Jak 1,5

Vater im Himmel, du kennst unsere innersten Gedanken und Gefühle. Du weißt, was uns fehlt. So kommen wir denn zu dir und bitten dich darum. Wir danken dir, daß du uns all das geben willst, was wir brauchen. Mit dir im Bunde werden wir nicht versagen.

17. Januar

Wie kannst du bereit sein? Wie kann ich es sein? Keinesfalls, indem wir uns immer wieder aufs neue an-

strengen. Das könnte allenfalls zu einem frommen Selbstbetrug führen. Dabei fühlen wir uns vielleicht besonders gut, aber in Wirklichkeit ist ein enormer Sieg des Satans daraus geworden, weil hinter dem frommen Anschein nur das »liebe Ich« steckt.
Die Antwort heißt vielmehr: Wir müssen uns *Ihm* ausliefern, der sich ja nach uns sehnt und der gewillt ist, uns auf seine Wiederkunft vorzubereiten.

> »Darum, meine Lieben, während ihr darauf wartet, seid bemüht, daß ihr vor ihm unbefleckt und untadelig im Frieden befunden werdet.«
>
> 2. Petr 3,14

Ja, Herr, wir möchten uns dir noch vollständiger ausliefern. Mache uns willig, uns dir ganz in die Hände zu geben, daß du uns für deine Wiederkunft vorbereiten kannst, so daß wir jenem wunderbaren Tag voller Freude entgegensehen können.

18. Januar

Wenn wir über die letzte große Schlacht, die durchkämpft werden muß, nachdenken, muß uns bewußt werden, daß dabei nicht nur Zukünftiges auf dem Spiel steht, sondern daß es dabei bereits um unsere Gegenwart geht. Wir befinden uns schon mitten in diesem Kampf. Wenn wir Augen und Ohren offen haben, können wir entdecken, daß der Feind von allen Seiten auf dem Vormarsch ist. Die Waffen, die wir brauchen, sollen uns nicht nur im zukünftigen Kampf helfen, sondern wir brauchen sie jetzt schon.

> »Denn wir haben nicht mit Fleisch und Blut zu kämpfen, sondern mit Mächtigen und Gewaltigen, nämlich mit den Herren der Welt, die in dieser Finsternis herrschen ...« Eph 6,12

O Herr, mach uns stark in unserem täglichen Kampf. Danke, daß du unser Oberbefehlshaber bist. Laß uns dir gehorsam sein, daß niemand uns überwinden kann.

19. Januar

Gottes Pläne für den Sieg sind vollkommen. Er kannte den Feind und seine Reaktionen schon vor der Erschaffung der Welt. Er braucht keinen unerwarteten Angriff zu fürchten. Am Kreuz auf Golgatha hat er bereits den Sieg über diesen Feind davongetragen. Wir können wissen, welchen Platz wir in diesem Kampf einzunehmen haben. Die Bibel spricht davon:

> »... euer Leben ist verborgen mit Christus in Gott.« Kol 3,3

Vater im Himmel, es gibt gar keinen sichereren Platz für uns als diesen, wo wir mit Christus in dir geborgen sind. Wir danken dir, daß es in alle Ewigkeit so bleiben darf.

20. Januar

»Wenn ich die Bibel lese, bin ich von Mal zu Mal mehr beeindruckt von der so häufig wiederholten Aufforderung: ›Fürchte dich nicht!‹ Es gibt so viele Verheißungen in der Heiligen Schrift, daß es mich nicht gewundert hätte, wenn das ›Fürchte dich nicht!‹ gar nicht in der Bibel auftauchte. Die übrigen Verheißungen sollten eigentlich ausreichen, um uns inneren Frieden zu schenken und zur Ruhe kommen zu lassen. Es sollte eigentlich gar nicht nötig sein, uns noch etwas gegen die Furcht zu sagen. Und doch begegnen wir immer wieder in der einen oder anderen Form diesem starken, liebevollen, ermutigenden ›Fürchte dich nicht!‹ unseres Gottes.« Amy Carmichael

> »Seid getrost und unverzagt, fürchtet euch nicht und laßt euch nicht vor ihnen grauen; denn der Herr, dein Gott, wird selber mit dir ziehen und wird die Hand nicht abtun und dich nicht verlassen.« 5. Mose 31,6

Wie dankbar sind wir dir, himmlischer Vater, daß du uns immer wieder deiner Gegenwart versicherst, daß du immer bei uns sein willst und all unsere Ängste von uns nehmen willst.

21. Januar

Welch ein Trost ist es zu wissen, daß wir zu der siegreichen Armee unseres Gottes gehören, wenn wir die anscheinend überlegenen Kräfte des Feindes zu sehen und zu spüren bekommen. Es gibt heute viele atheistische Ideologien. Wenn ich mir die Weltgeschichte im Lichte des Wortes Gottes anschaue, kann ich nicht glauben, daß wir noch bessere Zeiten erwarten können. Die Politik hat dem fortschreitenden Atheismus nichts entgegenzusetzen.

»... Gott aber sei Dank, der uns den Sieg gibt durch unseren Herrn Jesus Christus.«
1. Kor 15,57

Danke, himmlischer Vater, daß du deinen Sohn für uns ans Kreuz schicktest, und daß du ihn aus dem Tod auch wieder auferstehen ließest. Danke, daß er heute lebt, und daß *wir* in der Kraft seines Sieges leben dürfen.

22. Januar

Wenn wir an die Zukunft denken, in der einmal der letzte große Kampf der Weltgeschichte ausgetragen werden wird, können wir uns recht gut vorstellen, über welche ungeheuren Kräfte der Böse verfügt. Wir dürfen dabei aber nicht vergessen, daß diese Mächte bereits mobilisiert sind, und daß es zu unserer geistlichen Erziehung gehört, sie zu erkennen und ihnen gegenüber einen festen Standort zu finden.

»So seid nun Gott untertan. Widersteht dem Teufel, so flieht er von euch.« Jak 4,7

Danke, Vater, daß es möglich ist, daß ich in deiner Kraft stark sein kann. Danke, daß dein Wort mir das bestätigt. Lehre mich immer mehr, auf dein Wort zu hören und nicht auf die Lüge des Bösen.

23. Januar

Die Kinder Gottes sind gerade zu dieser Zeit massiven Angriffen ausgesetzt, und es ist gut, wenn man seinen Feind kennt. Das ist der Grund, warum es so wichtig ist, heute schon ein sieghaftes Leben zu führen und sich vollständig dem Herrn Jesus auszuliefern. Jesus ist immer Sieger! Alles, was wir zu tun haben, ist, in engem Kontakt bei ihm zu bleiben. Dann fließen die Siegeskräfte seines Lebens durch uns hindurch und werden für die Menschen um uns herum sichtbar werden.
Unser tägliches Leben ist unser Schlachtfeld. Ein Teil der Strategie Gottes besteht darin, daß er uns den Frontabschnitt zuweist, an dem wir zu kämpfen haben.

> »... euer Widersacher, der Teufel, geht umher wie ein brüllender Löwe und sucht, wen er verschlinge. Dem widersteht, fest im Glauben ...«
> 1. Petr 5,8.9

Herr, wenn du uns sagst, daß wir widerstehen sollen, dann gibst du uns auch die Kraft, es zu tun. Du weißt ja, wie sehr wir deine Kraft brauchen. Danke, daß wir immer und überall um das bitten dürfen, was uns mangelt.

24. Januar

Das Training der siegreichen Armee Gottes für die letzte große Schlacht findet durchaus nicht unter ungewöhnlichen Umständen statt, sondern mitten im normalen, täglichen Leben. Das ist unser »Übungsgelände«, und alles, was geschieht und was wir erfahren, gehört zu diesem Training. So zum Beispiel die Begegnungen mit unseren Mitmenschen. Im ersten Petrus-Brief lesen wir, daß alle Schwierigkeiten und Versuchungen dazu beitragen sollen, uns bereit zu machen:

> »Dann werdet ihr euch freuen, die ihr jetzt eine kleine Zeit, wenn es sein soll, traurig seid in mancherlei Anfechtungen, damit euer Glaube als echt und viel kostbarer befunden werde als das vergängliche Gold, das durchs Feuer geläutert wird, zu Lob, Preis und Ehre, wenn offenbart wird Jesus Christus.« 1. Petr 1,6.7

Wir bitten Herr, daß wir an die Freude erinnert werden, die vor uns liegt, wenn die Probleme uns über dem Kopf zusammenzuschlagen scheinen. Laß unseren Blick fest auf dich gerichtet sein.

25. Januar

Geduld ist eine biblische Tugend, um die Christen sich mühen sollten. Doch scheint es nur einen einzigen Weg zu geben, auf dem man geduldig wird – so erklärt es die Schrift – nämlich durch Schwierigkeiten. Doch werden wir dabei ermutigt, wenn es uns gelingt, die Versuchungen des täglichen Lebens vom Gesichtspunkt Gottes aus zu sehen. Dann wissen wir, daß die volle Kraft der Liebe und Freude Gottes – nämlich als Frucht des Heiligen Geistes – uns täglich zur Verfügung steht.

> »Meine lieben Brüder, erachtet es für lauter Freude, wenn ihr in mancherlei Anfechtung fallt, und wißt, daß euer Glaube, wenn er bewährt ist, Geduld wirkt.« Jak 1,2.3

Herr, du allein weißt, wieviel Geduld ich nötig habe. Öffne mir die Augen in schwierigen Zeiten und in Versuchungen, daß ich die Dinge aus deinem Blickwinkel sehen kann, und mach' mir klar, daß sie dazu da sind, mich Geduld zu lehren.

26. Januar

Welch ein Geheimnis ist das doch! Wenn wir die Dinge aus der Perspektive der Ewigkeit sehen, läßt uns das geduldig werden. Wir sollen ja dem Gold gleichen, das gereinigt werden muß.

»... Die Geduld aber soll ihr Werk tun bis ans Ende...« Jak 1,4

Herr Jesus, danke, daß du immer bei mir bist, und daß ich jedesmal, wenn ich aufschaue, dich sehe. Alle anderen Dinge werden unbedeutend und klein, gemessen an dieser Freude.

27. Januar

Hast du Probleme auf deinem Weg als Christ? Haben Sorgen ihren Einzug in dein Leben gehalten? Mußt du Dinge oder Menschen entbehren, wenn du Jesus nachfolgen willst? Gott weiß, warum das so ist. Wende dich an ihn.
Du bist um so viel wertvoller als alle *Dinge,* an denen du Freude hast!

»Mein Gott aber wird all eurem Mangel abhelfen nach seinem Reichtum in Herrlichkeit in Christus Jesus.« Phil 4,19

Danke, Vater, für deine überreiche Fürsorge, mit der du all unseren Bedürfnissen begegnest.

28. Januar

Das vollbrachte Werk am Kreuz auf Golgatha, die Kraft des Blutes Jesu ist die Grundlage unseres Sieges.

Damit dürfen wir rechnen in all den geistlichen Auseinandersetzungen und Kämpfen heute und in Zukunft. Doch das Wort unseres Zeugnisses ist ebenfalls eine Kraft, die zum Sieg führt. Wir müssen immer bereit sein, die Botschaft von Jesus Christus vor der Macht des Bösen und den Menschen zu proklamieren. Tun wir es nicht, dann stimmt irgend etwas nicht.

»Ihr ... werdet meine Zeugen sein ...«
Apg 1,8

Herr, mache uns darin treu, daß wir deinen Geboten gehorsam sind. Gib uns die richtigen Worte, wenn wir ein Zeugnis von dir weitersagen wollen. Und vor allem fülle uns mit deiner Liebe, so daß andere es sehen und merken.

29. Januar

Viele Leute begehen den Fehler, daß sie denken, die Gewißheit ihrer Erlösung an ihren Gefühlen ablesen zu können. Doch die einzige Grundlage dafür ist das Wort Gottes. Und darum ist es so wichtig, daß wir uns in der Bibel auskennen, daß wir eine praktische Kenntnis von ihr besitzen.

»Öffne mir die Augen, daß ich sehe die Wunder an deinem Gesetz.« Ps 119,18

»... lehre mich deine Gebote. Laß mich verstehen den Weg deiner Befehle ... ich laufe den Weg deiner Gebote...« Ps 119,26.27.32

Vater, ich danke dir, daß allein dein Wort mir die Gewißheit meiner Errettung gibt. Hilf mir, willig zu sein, in deinem Wort mehr und mehr verwurzelt zu werden.

30. Januar

Das Wort Gottes ist unwandelbar. Gefühle und Stimmungen können schwanken. Christen befinden sich auch nicht immer auf Berggipfeln. Darum handle aufgrund des Wortes der Bibel und lehre andere, es auch zu tun. Johannes sagt: »Das habe ich euch geschrieben...« Warum hat er geschrieben?

»...damit ihr wißt, daß ihr das ewige Leben habt.« 1. Joh 5,13

Vater, dein Wort steht unwandelbar fest, und es sagt uns, daß wir es wissen können, daß wir ewiges Leben haben. Wir danken dir für diese Zusicherung.

31. Januar

Wenn wir die erste Liebe verlieren, stagniert unser Leben und wir gleiten allmählich wieder zurück. Unser Interesse an der Botschaft Jesu nimmt ab. Wir vernachlässigen das Lesen in der Bibel und das Gebet und sind für niemanden mehr ein Zeugnis der Kraft und Gegenwart Jesu. Der Grund für eine solche Entwicklung ist immer in der Sünde zu suchen. Rein äußerlich mag keine Veränderung zu bemerken sein, aber Gott und wir selbst wissen genau, was nicht stimmt.

> »Aber ich habe gegen dich, daß du die erste Liebe verlässest.« Offb 2,4

Vater, laß dein Licht in unsere Herzen hineinleuchten und mach uns jede dunkle Ecke bewußt, die sich dort noch verbirgt. Bring uns an den Punkt zurück, an dem wir die Weiche falsch gestellt haben. Wir wollen dir unsere Herzen öffnen.

Februar

1. Februar

Wir müssen den Weg zurück zu Gott einschlagen, unsere Sünden bekennen und um Vergebung bitten. Dann wird unsere Gemeinschaft mit Gott wieder hergestellt, und unsere erste Liebe flammt auf. Doch was geschieht, wenn wir *keine* frohen Gefühle haben nach unserem Bekenntnis? Laßt uns Gott in jedem Fall für seine Vergebung danken. Seine Verheißungen, die wir in der Bibel finden, haben ewige Gültigkeit.

> »Wenn wir aber unsere Sünden bekennen, so ist er treu und gerecht, daß er uns die Sünden vergibt und reinigt uns von aller Ungerechtigkeit.« 1. Joh 1,9

Danke, himmlischer Vater, für dieses wundervolle Versprechen. Danke, daß wir uns darauf berufen und dir uneingeschränkt vertrauen können. Danke, daß du die ungetrübte Beziehung zu dir wieder herstellen und uns auch neue Freude schenken willst.

2. Februar

Ein Kind Gottes hat die Kraft zur Verfügung, den Kampf gegen den Satan zu bestehen. Dieser jedoch gibt sich alle erdenkliche Mühe, unseren Blick von Jesus abzulenken. Er versucht, uns so weit von ihm wegzulocken, daß wir schließlich meinen, alles nur noch von unserem Verstand her beurteilen und erklären zu müssen.

> »Der natürliche Mensch aber vernimmt nichts vom Geist Gottes; es ist ihm eine Torheit, und er kann es nicht erkennen ... denn es muß geistlich beurteilt werden.« 1. Kor 2,14

Vater, du gabst uns deinen Geist, damit er uns führen soll. Und du willst uns auch die Kraft für den Kampf mit dem Satan zur Verfügung stellen. Danke, daß das wahr ist.

3. Februar

Die Waffenrüstung Gottes, die in Epheser 6 beschrieben ist, soll nicht nur dem Kämpfer Jesu Christi in der letzten großen Schlacht, die den Endsieg Gottes bringt und die noch bevorsteht, dienen. Sie war schon die Ausrüstung des Paulus in seinem Kampf des Glaubens und für die Ausbreitung des Evangeliums. Und sie ist auch heute unser einziger Schutz. Da uns gesagt ist, daß dieser große Kampf nicht mehr lange auf sich warten lassen wird, ist es äußerst wichtig, die Waffen und die Ausrüstung zu kennen. Jesus hat es sehr bestimmt gesagt, daß dieser Tag kommen wird. Und wir brauchen bloß einen Blick in die Zeitung zu werfen, um zu sehen, daß wir uns bereits in dieser Zeit befinden. Wir wollen uns aber deswegen nicht ängstigen. Diese Dinge müssen zuerst geschehen. Es ist sehr freundlich von unserem Herrn, daß er uns vorher informiert über das, was uns erwartet.

> »... Seht zu, laßt euch nicht verführen. Denn viele werden kommen in meinem Namen und sagen: Ich bin's, und: Die Zeit ist herbeigekommen. Folgt ihnen nicht nach!« Lk 21,8

Herr, halte du uns wach, und laß uns nicht aufhören zu beten.

4. Februar

Die Bibel gibt uns nicht nur die notwendigen Informationen über den Satan und die Dämonen, sondern auch über die Waffen, die wir für die Auseinandersetzung mit ihnen brauchen, so daß wir durch Jesus Christus uneingeschränkte Sieger in diesem Kampf sein können. Laßt uns daran denken, daß Gott von uns wünscht und erwartet, daß wir die Mächte der Finsternis überwinden. Dabei geht es nicht nur um unsere eigene Sicherheit und um die Befreiung anderer aus den Ketten der Sklaverei (obwohl beides äußerst wichtig ist), sondern um die Ehre Gottes – daß sein Sieg und seine Überlegenheit über seine Feinde sichtbar werden!

> »Er hat die Mächte und Gewalten ihrer Macht entkleidet und sie öffentlich zur Schau gestellt und hat einen Triumph aus ihnen gemacht in Christus.« Kol 2,15

O Vater im Himmel, wir danken dir, daß du uns so gebrauchen willst, daß andere frei werden können. Und wir danken dir, daß es dein Wille ist, daß wir selbst auf eine solche Weise sieghaft leben sollen. Du sollst dadurch geehrt und gepriesen werden.

5. Februar

Willst du wissen, was mich vor kurzem sehr ermutigte? Es war die Stelle Johannes 15,2. Manchmal können Schwierigkeiten mich ziemlich stark niederdrükken. Dann erkannte ich aber, daß solche Augenblicke sozusagen nur »die Rückseite einer großartigen Stikkerei« sehen lassen. Als ich Johannes 15 wieder und wieder las, wurde mir klar: Wenn der Herr einen Weinstock beschneidet, ist er den Reben nahe. Freude stieg in mir auf in diesem Wissen: Der Herr war mir ganz nahe und *er* würde mich beschneiden und mich mehr Frucht bringen lassen. Ich konnte nur noch sagen: »Danke, Herr Jesus.«

> ». . . eine jede Rebe, die Frucht bringt, wird er reinigen, daß sie mehr Frucht bringe.«
>
> Joh 15,2

Ja, danke Herr Jesus, daß du immer bei mir bist und mich reinigst. Ich soll ja mehr Frucht bringen, damit dein Name verherrlicht wird.

6. Februar

So oft treffe ich Christen, die die gleichen Erfahrungen gemacht haben, die ich gestern beschrieb. Und wie wunderbar ist es dann, ihnen von der Gegenwart Jesu erzählen zu können. Laßt uns füreinander beten in dieser Zeit der Prüfungen, so daß wir den Mut nicht verlieren, sondern am Ende dem Herrn nur danken können.
Wenn wir auf Jesus schauen, sehen wir die Dinge, wie sie wirklich sind – aus dem Blickwinkel Gottes heraus. Wir empfangen dabei geistliche Einsichten (s. Kol 1,9).

> »... durch ihn haben wir auch den Zugang im Glauben zu dieser Gnade, in der wir stehen, und rühmen uns der Hoffnung der zukünftigen Herrlichkeit, die Gott geben wird. Nicht allein aber das, sondern wir rühmen uns auch der Bedrängnisse, weil wir wissen, daß Bedrängnis Geduld bringt, Geduld aber Bewährung, Bewährung aber Hoffnung. Hoffnung aber läßt nicht zuschanden werden...«
>
> Röm 5,2-5

Vater, danke, daß wir allezeit im Namen deines Sohnes zu dir kommen dürfen, und daß du immer und immer wieder unsere Herzen mit Hoffnung und Freude füllen willst. Wir preisen dich und beten dich an.

7. Februar

Manchmal fragen die Leute: »Warum brauchen wir Jesus, um zu Gott zu kommen?«
Ich begegnete einmal einer Dame, die mir sagte: »Ich habe mit prominenten Persönlichkeiten der ganzen Welt über das Leben in Zeit und Ewigkeit gesprochen – in Indien, im vorderen Orient, in Japan und manchen anderen Ländern. Es waren bedeutende Persönlichkeiten unter ihnen, die auch ohne Jesus Christus einen Weg zu Gott gefunden hatten. *Sie* haben so absolut bestimmt behauptet, daß wir ihn brauchen. Aber das stimmt ja gar nicht.«
»Was Sie sagen, steht nicht im Widerspruch zu mir, sondern zur Bibel«, antwortete ich. »*Ich* bin es nicht, die das sagt.« Ich war ein bißchen entmutigt. Manchmal habe ich den Eindruck, daß es einfach für mich zu schwierig ist, mit sehr gelehrten Leuten zu sprechen. Einige Monate später traf ich diese Dame wieder. Sie sagte, sie hätte meine Worte nicht vergessen können. »Sehr, sehr oft habe ich nachdenken müssen über das, was Sie erklärten, daß wir nämlich Jesus Christus nötig haben, um zu Gott zu kommen.«
»Das ist ja großartig!« antwortete ich. »Sie haben *Gottes* Stimme gehört. Hören Sie weiter auf ihn, und lesen Sie die Bibel. Da gibt es noch viel mehr, was Gott Ihnen sagen möchte.«

> »...niemand kommt zum Vater denn durch mich.« Joh 14,6

Herr Jesus, wie klar sprichst du zu uns. Wir können

deine Worte nicht mißverstehen. Hilf uns, deine Worte an solche Menschen weiterzugeben, die dich noch nicht kennen.

8. Februar

Zu Christus »ja« sagen, bedeutet nicht das Ende, sondern den Anfang des Lebens. Dann gibt es einen zweiten Schritt: Wir müssen ihn *als unsern Herrn* annehmen. Wenn wir das tun, entfaltet er sein sieghaftes Leben in uns – er, der Weinstock, wir die Reben. Die Rebe hat ohne den Weinstock überhaupt keinen Wert. Der Weinstock dagegen hat bleibende Bedeutung. Nur wenn die Rebe mit dem Weinstock in Verbindung steht, kann sie Frucht bringen.

> »Ich vermag alles durch den, der mich mächtig macht.« Phil 4,13

Danke, Herr, daß du mir deine Kraft für all die vielen Dinge schenken willst, für die ich sie brauche. Halleluja!

9. Februar

Ein Christ, der wahrhaft nach Gott sucht, wird bald herausfinden, welches Hindernis ihm im Weg steht. Der Heilige Geist wird ihn dahin führen, daß er die Vergebung durch das Blut Jesu erbittet, und daß er durch den Glauben die Möglichkeit eines sieghaften Lebens ergreift, das völlig an Gott ausgeliefert ist. Dann kann er auch im Glauben – und nur im Glauben – aufgrund der Verheißungen Gottes handeln. Und dann wird er die mächtige Kraft Gottes empfangen und erleben.

> »Wohl den Menschen, die dich für ihre Stärke halten, und von Herzen dir nachwandeln ... Sie gehen von einer Kraft zur andern ...«
>
> Ps 84,6.8

Vater, du weißt, wie sehr ich es nötig habe, mit deiner Kraft erfüllt zu werden. Du weißt, wie schwach ich in mir selbst bin. Danke, daß es möglich ist, in dir stark zu sein.

10. Februar

Zu den besonderen Kunstgriffen des Satans gehört es, uns zur intensiven Selbstbeobachtung zu veranlassen. Wenn wir nur in uns hineinschauen, hängt unser Blick an der falschen Person fest. Wir kommen nicht umhin, immer mehr Sünde zu entdecken. Wir sollten lieber auf Jesus sehen. Er will uns unsere Sünde im Licht seines am Kreuz vollbrachten Werkes zeigen. Und er will uns wissen lassen, wo wir Schuld zu begleichen haben und mit Gott und Menschen in Ordnung kommen müssen.

»... laßt uns ablegen alles, was uns beschwert, und die Sünde, die uns ständig umstrickt, und laßt uns laufen mit Geduld in dem Kampf, der uns verordnet ist, und aufsehen auf Jesus...«
Hebr 12,1.2

Herr Jesus, wir können dir nie genug dafür danken, daß wir uns allezeit auf dich verlassen können. Mach uns willig zum Gehorsam, wenn du uns sagst, was wir tun sollen.

11. Februar

Mein Großvater schrieb an seinen Vater: »Ich bete darum, daß der Herr mir näher kommt.« Aber mein Urgroßvater antwortete darauf: »Ein Fisch bittet nicht das Wasser: ›Komm doch zu mir!‹ und ein Vogel sagt nicht zur Luft: ›Bitte umgib mich!‹ Der Herr ist dir sehr nahe. Freu dich darüber!«

»Denn in ihm leben, weben und sind wir...«
Apg 17,28

Danke, Herr, daß du mir so nahe bist.

12. Februar

Wenn du nicht von ganzem Herzen glaubst, wirst du Jesus bei seiner Wiederkunft nicht sehen. Du mußt ihn schon bitten, in dein Herz Einzug zu halten. Du selbst mußt die Tür öffnen. Niemand sonst ist in der Lage dazu.

> »Siehe, ich stehe vor der Tür und klopfe an. Wenn jemand meine Stimme hören wird und die Tür auftut, zu dem werde ich hineingehen und das Abendmahl mit ihm halten und er mit mir.« Offb 3,20

O Herr, danke, daß du willig bist, in mein Herz hineinzukommen. Danke, daß du sogar noch an meine Tür anklopfst. Mit Freude öffne ich dir mein Herz, damit du eintreten kannst.

13. Februar

Ein junger Kunststudent kopierte einst ein Gemälde von Turner in der National-Galerie in London. Seine Augen gingen beständig hin und her zwischen seiner Leinwand und seinem »Meister«. Er malte nichts als das, was er gerade gesehen hatte. Er suchte, den Maler Turner zu erfassen.

> »(Josia) ... fing an ... Gott ... zu suchen ...« (s. 2. Chr 34,3)
>
> »... Seinesgleichen war vor ihm kein König gewesen, der so von ganzem Herzen, von ganzer Seele, von allen Kräften sich zum Herrn bekehrte ...« 2. Kön 23,25

Herr, ich will nach dir fragen – jetzt und den ganzen heutigen Tag, bei all meiner Arbeit.

14. Februar

Es gibt einen engen Zusammenhang zwischen Anbetung und unserem Handeln, gerade so, wie das Nervensystem die Verbindung zwischen »Herz und Hand« schafft.
Wir lesen in den Geschichten von Esra und Nehemia, daß sie als erstes einen Altar aufrichteten, dann den Grundstein zu einem neuen Tempel legten, und danach die Mauern um Jerusalem wieder aufbauten.

> »Und sie stimmten den Lobpreis an und dankten dem Herrn...« Esra 3,11

> »Und ich sagte ihnen, wie gnädig die Hand meines Gottes über mir gewesen war ... Und sie sprachen: Auf, laßt uns bauen!« Neh 2,18

Herr, ich bete dich an, bevor ich mein Werk des heutigen Tages beginne. Ich preise deinen Namen, daß ich zu dir gehöre mit all der Arbeit, die ich zu tun habe.

15. Februar

»Vom ersten bis zum letzten Buch der Bibel finden wir Worte des Trostes und der Ermutigung. Wir wissen, daß unsere Anfälligkeit für Furcht und Angst aller Art eine sehr reale ist. Millionen von Menschen haben das erlebt und bestätigt. Aber sie haben diese Angriffe überwunden. Und das wirst du auch, wenn du die Worte unseres Erlösers annimmst, dich davon stärken läßt und selbst auf diesem Fundament stehen bleibst.« Amy Carmichael

> »Den Frieden lasse ich euch, meinen Frieden gebe ich euch. Nicht gebe ich euch, wie die Welt gibt ... Euer Herz erschrecke nicht und fürchte sich nicht.« Joh 14,27

Herr, wir können dir niemals genug danken, daß du uns deinen Frieden gibst. Wir preisen dich, daß wir nicht beunruhigt sein müssen, daß wir keine Angst zu haben brauchen – um dieses Friedens willen.

16. Februar

Jesus ist derjenige, der mit dem Heiligen Geist tauft. Deshalb ist die Fülle des Heiligen Geistes das Geburtsrecht eines jeden Kindes Gottes. Doch an uns ist es, diesem Geist Raum zu geben – auch in den tiefsten und hintersten Ecken unseres Herzens. Dann können wir damit rechnen, daß er eine Menge in uns und durch uns tut.

> »Wenn nun ihr, die ihr böse seid, euren Kindern gute Gaben geben könnt, wieviel mehr

wird der Vater im Himmel den Heiligen Geist geben denen, die ihn bitten!« Lk 11,13

Herr, laß uns sehen, an welchem Punkt wir unser Herz bis jetzt dem Heiligen Geist noch nicht vollständig geöffnet haben. Wir möchten ihm vertrauen, daß er in uns wirkt, so daß andere die Größe deiner Macht erkennen können.

17. Februar

Jemand hat einmal gesagt: »Im Königreich Gottes gibt es keine Aristokratie.« Der Betreffende hat sich geirrt. Es gibt nichts anderes als Adlige im Reich Gottes, weil wir alle gleichberechtigte Erben mit dem Sohn Gottes sind.

»Der Geist ... gibt Zeugnis ... daß wir Gottes Kinder sind. Sind wir aber Kinder, so sind wir auch Erben, nämlich Gottes Erben und Miterben Christi, wenn wir denn mit ihm leiden, damit wir auch mit zur Herrlichkeit erhoben werden.« Röm 8,16.17

Danke, Herr, daß du uns zu Kindern Gottes gemacht hast und damit auch zu Miterben von dir. Welch ein Geheimnis ist das, daß wir, die doch nur eine Menge winziger Stäubchen im weiten Universum darstellen, dazu bestimmt sind, die himmlischen Reichtümer zu erben.

18. Februar

In der Bibel finden wir nirgendwo einen Anhaltspunkt dafür, daß die Gaben des Heiligen Geistes nur für die apostolischen Zeiten von Bedeutung waren. Das langsame Versiegen des Stroms dieser Gaben findet nicht in Übereinstimmung mit dem in der Bibel geschilderten und sich in der Geschichte vollziehenden Erlösungsplan Gottes statt. Wir müssen den Grund dafür in mangelndem Glauben und geistlichem Rückgang der Kirchen suchen.

> »... Es sind verschiedene Gaben; aber es ist ein Geist ... strebt aber nach den größeren Gaben!« 1. Kor 12,4.31

Herr, lehre jeden einzelnen unter uns, die Bedeutung der Gaben des Heiligen Geistes zu erkennen. Laß uns mit vorurteilsfreiem Herzen vor dich treten, so daß du uns deine Anweisungen geben kannst.

19. Februar

Wenn eine Posaune einen reinen Ton hat, schwingen die Obertöne ebenfalls mit. Man kann sie nicht unmittelbar hören, aber sie verleihen dem Ton Wohlklang und Schönheit. Ist der Ton aber nicht rein, dann schweigen die Obertöne.
Wenn ein Kind Gottes sündigt – wenn »seine Posaune einen unreinen Ton hören läßt« – gibt es keinen

Widerhall durch die Obertöne zur Ehre Gottes. Darum fühlt sich ein Christ auch unglücklich, wenn er sündigt. Doch dann taucht in seinem Herzen eine Stimme auf: »Vater, im Namen Jesu, vergib mir diese Sünde.« Und Jesus, unser lebendiger Anwalt, der zur Rechten Gottes sitzt, sagt dazu: »Vater, diese Sünde habe ich auch auf mich genommen.« Und dann wirft er die Sünde in die Tiefen des Meeres. Nun schwingen die Obertöne wieder mit – verleihen unserer Posaune einen sicheren und fröhlichen Klang.

> »Auch euch, die ihr einst fremd und feindlich gesinnt wart in bösen Werken, hat er nun versöhnt durch den Tod seines sterblichen Leibes, damit er euch heilig und untadelig und makellos vor sein Angesicht stelle ...« Kol 1,21.22

Danke Herr, daß du durch die Reinigung, die du vollziehst, unser Leben harmonisch machst.

20. Februar

Franz von Assisi sagt: »Weißt du nicht, daß jeder, der dir im Laufe des Tages begegnet, in dir etwas von der Liebe Gottes sehen soll?«
Ist so etwas überhaupt möglich? Ja, aber nicht dadurch, daß man sich anstrengt und abmüht, sondern nur dadurch, daß man die »Vorhänge« des Herzens offen läßt, damit das Licht des Heiligen Geistes hineindringen kann.

»Denn Gott, der da sprach: Licht soll aus der Finsternis hervorleuchten, der hat einen hellen Schein in unsere Herzen gegeben ...«

2. Kor 4,6

Herr, mache uns zu Kanälen, durch die die Ströme deines Lebenswassers hindurchfließen können.

21. Februar

Ein überströmendes Maß an Kraft steht uns zur Verfügung. Aber wie gehen wir damit um! Laßt uns doch als die Reichen leben, die wir in Wirklichkeit sind! Dieser Reichtum hängt nicht von äußeren Umständen ab. Es ist gut, wenn man das weiß, denn wenn es zum Endkampf kommen wird, werden die äußeren Umstände äußerst hart sein. Du kannst sicher sein, daß der Herr bei uns ist. Seine Gnade und seine Kraft werden uns immer umgeben. Es stimmt zwar, daß ich meine Schwester im Konzentrationslager verhungern sah, aber die Gegenwart des Herrn war genauso real. Er hat mich niemals im Stich gelassen.

»... er ist ein Schild allen, die ihm vertrauen.«

Ps 18,31b

Herr Jesus, im Himmel werden wir einst den Entwurf unseres Lebens zu sehen bekommen, doch heute brauchen wir schon eine Einsicht in die wichtigsten Umrisse dieses Entwurfs, daß z. B. deine Kraft sich in unserer Schwachheit zeigt.

22. Februar

Ich bin so froh, daß die Bibel niemals Unmögliches von uns verlangt! Wie gut, daß sie nicht sagt: »Laß deinen Glauben sehen!« Wenn sie das täte, würde ich vielleicht antworten: »Mein Glaube ist groß.« Das wäre nur ein Zeichen von Stolz, der allemal einen Sieg des Teufels darstellt. Geistlicher Hochmut zerstört manchen Segen. Oder – was ebenfalls einen Sieg des Satans bedeuten würde – ich könnte sagen: »O, mein Glaube ist nichts wert. Er bewirkt überhaupt nichts.« Das wäre dann Resignation und Miesmacherei.
Hudson Taylor sagte einmal: »Wir brauchen keinen großen Glauben, aber den Glauben an einen großen Erlöser.« Darum wollen wir uns immer mehr darauf konzentrieren, auf Jesus zu blicken und nicht auf unseren Glauben.

> »Weil wir denn einen großen Hohenpriester haben, Jesus, den Sohn Gottes ... so laßt uns festhalten ...« Hebr 4,14

Herr Jesus, wir danken dir, daß wir nicht unseren Glauben anzusehen und nachzumessen brauchen, sondern daß wir auf dich schauen dürfen, um alles zu empfangen, was wir für den heutigen Tag brauchen.

23. Februar

Manchmal erzieht uns Gott durch Krankheit oder körperliche Schwäche. Da ich eines Tages nicht mehr in der Lage war, in der Welt herumzureisen, um den Menschen von Gott und seiner Liebe zu erzählen, mußte ich mir irgendwo eine Wohnung suchen und mich dort häuslich niederlassen. Meine Hingabe an den Herrn ist nicht geringer geworden, und nun mache ich die Erfahrung, daß die Botschaft, die Gott mir gibt, mehr Leute erreicht denn je zuvor. Die Bücher und Filme, die ich in seiner Kraft in meinem Haus in Kalifornien noch gestalten konnte, machen das möglich.

> »... wir wissen aber, daß denen, die Gott lieben, alle Dinge zum Besten dienen...«
>
> Röm 8,28

Danke, Herr, daß du einen Plan hast mit dem Leiden, das du mir auferlegst. Eines Tages werde ich dich sehen, heute glaube ich daran. Du machst niemals einen Fehler.

24. Februar

»Wenn du nur noch ein Jahr zu leben hättest, was würdest du dann tun?« Es könnte gut sein, ab und zu darüber nachzudenken. Dabei wird uns klar, was wesentlich ist im Leben. Für jeden von uns mag das etwas anderes sein: Glaube, um davon leben zu können; Friede, der unsere Herzen erfüllt; Freude, die andere sehen können; Weisheit zu wissen, was wir anderen geben können. Was es auch immer sein mag – das Streben nach all dem macht uns abhängiger von Gott.

»Mein Gott aber wird all eurem Mangel abhelfen nach seinem Reichtum in Herrlichkeit in Jesus Christus.« Phil 4,19

Welch eine wundervolle Verheißung, Vater! Ich kann alle Dinge getrost in deiner Hand lassen, weil dein Wort eine felsenfeste Grundlage ist für Zeit und Ewigkeit. Halleluja!

25. Februar

Trauerst du um einen geliebten Menschen, der für immer von dir gegangen ist? War dieser Mensch ein Kind Gottes? Dann kannst du in Frieden an ihn denken in dem Wissen, daß dieser geliebte Mensch eine neue herrliche Heimat im Himmel gefunden hat. Wie gut muß es für ihn sein, zu Hause zu sein, bei dem Herrn zu sein, ihn von Angesicht zu Angesicht zu sehen!

»... und Gott wird abwischen alle Tränen von ihren Augen, und der Tod wird nicht mehr sein, noch Leid noch Geschrei noch Schmerz wird mehr sein; denn das Erste ist vergangen.« Offb 21,4

Herr, du sagtest uns, daß du hingehen würdest, einen Platz für uns vorzubereiten, wenn du zurückkämst in deines Vaters Haus. Wie herrlich wird dieser Platz sein, weil wir dich dort sehen!

26. Februar

Ich kann deine Niedergeschlagenheit verstehen, wenn es so aussieht, als ob deine Gebete keine Antwort fänden. Aber bitte zweifle nie daran, daß Gott jedes einzelne dieser Gebete hört, selbst wenn es ungewöhnliche sein sollten. Warte auf die Antwort, ohne für dich selbst schon eine Entscheidung zu treffen, wie die Antwort auszusehen hat.

»... denn er selbst, der Vater, hat euch lieb ...«
Joh 16,27

Danke, Vater, für deine Liebe. Danke dafür, daß du unsere Gebete hörst und gibst, von dem du weißt, daß es das Beste für uns ist.

27. Februar

Ein Soldat muß gehorchen. Er kann seinem Land nicht dienen, wenn er nur nach seinem eigenen Willen handeln will. Jesus war gehorsam. Er, der Schöpfer der Welt, unterstellte sich immer wieder dem Willen seines Vaters. Er wandte sich gegen Jerusalem, wo das Kreuz auf ihn wartete. Er war gehorsam bis zum Tod. Das war sein Weg, der ihn zur Auferstehung führte.
Das ist auch der Weg seiner Nachfolger, weil nur der Weg des Gehorsams, der Weg übers Kreuz, zur Auferstehung führt.

»... und nehmen gefangen alles Denken in den Gehorsam gegen Christus.« 2. Kor 10,5

Herr, lehre uns, gehorsam zu sein, wie du es warst. Zeige uns, wo wir immer noch an unserem eigenen Willen und unseren Wünschen festhalten. Und gib uns den Mut, alles in deinen Händen zu lassen.

28. Februar

Manche Menschen haben mich gefragt: »*Wie* spricht Gott denn zu uns?«
Manchmal spricht Gott zu mir, indem er mir eine Gewißheit des Herzens schenkt – ganz ohne Worte. Es ist nicht von Bedeutung, *wie* Gott das Gebet um Führung beantwortet. Die Sache, deren ich unbedingt sicher bin, ist die: Gott ist Licht, nicht Finsternis.

»Und das ist die Botschaft, die wir von ihm gehört haben und euch verkündigen: Gott ist Licht, und in ihm ist keine Finsternis.« 1. Joh 1,5

Vater, wir danken dir dafür, daß wir niemals im Dunkeln gehen müssen, weil du uns führst und uns den Weg zeigst – Schritt für Schritt.

29. Februar

Gott spricht zu uns – durch sein Wort, die Bibel; im Zwiegespräch, das wir mit ihm führen; wenn wir beten; durch andere Menschen und auch durch das, was um uns herum geschieht. Wenn wir uns Zeit nehmen, auf ihn zu hören, dann *werden* wir ihn auch hören, und dann können wir hingehen und anderen davon erzählen.

> »Heute haben wir ... gesehen, daß Gott mit Menschen redet...« 5. Mose 5,24

Danke, Vater, daß du immer mit uns reden willst, wenn wir mit einem Herzen zu dir kommen, das bereit ist zum Hören, und bereit, das zu tun, was du sagst.

März

1. März

Gott benutzt auch unser tägliches Bibellesen, um uns den Weg zu zeigen, den wir gehen sollen – die Entscheidung, die wir zu fällen haben. Gott hat zugesagt, den täglichen Umgang mit seinem Wort in unserem Leben zu belohnen.

> »Ich will dich unterweisen und dir den Weg zeigen, den du gehen sollst; ich will dich mit meinen Augen leiten.« Ps 32,8

Vater, wir wissen, daß unser Leben vollständig in deinen Händen liegt, und daß du uns führen willst! Lehre uns, dir immer und überall zu vertrauen, auch wenn wir manchmal warten müssen, ehe du uns Anweisungen für den nächsten Schritt gibst.

2. März

Ein anderer Weg, auf dem Gott uns seinen Willen deutlich macht, ist, daß er Türen vor uns verschließt, wenn wir eine falsche Entscheidung getroffen haben. Oder aber er läßt es zu, daß wir einen Fehler begehen, so daß wir selbst einsehen, daß wir irgendwo die Weichen falsch gestellt haben, als wir nicht auf ihn hörten. Sein Wort sagt uns, daß wir seine Stimme vernehmen können.

»Deine Ohren werden hinter dir das Wort hören: ›Dies ist der Weg, den geht!‹ ...« Jes 30,21

Hilf uns, Herr, unter den vielen Stimmen, die wir hören, deine Stimme zu unterscheiden – von den Stimmen anderer Leute und von der Stimme unseres eigenen Herzens und unserer Gedanken.

3. März

Oft gibt Gott uns nicht umgehend eine klare Antwort auf unser Gebet. Dann müssen wir lernen, auf ihn zu warten. Dieses Warten auf Gott birgt einen Segen in sich, weil wir dabei vertrauensvoll und fröhlich wissen können, daß die Antwort kommen wird, zu der Zeit, die unser liebender Vater für die richtige hält.

»Rufe mich an, so will ich dir antworten und will dir kundtun große und unfaßbare Dinge, von denen du nichts weißt.« Jer 33,3

Danke, Vater, für dies Versprechen. Ja, ich will dich anrufen und auf das warten, was du mir zeigen wirst.

4. März

Oft sind auch unsere Lebensumstände die Antwort Gottes auf unsere Gebete. Wir bitten z.B. um Geduld, und Gott schickt uns jemand in den Weg, der unsere Kraft aufs äußerste strapaziert. Wir bitten um Selbstlosigkeit, und Gott gibt uns Gelegenheiten, von uns selbst frei zu werden.

> »... wir rühmen uns auch der Bedrängnisse, weil wir wissen, daß Bedrängnis Geduld bringt, Geduld aber Bewährung, Bewährung aber Hoffnung ...« Röm 5,3.4

Herr, erinnere uns immer wieder daran, daß deine Antworten auf unsere Gebete vielleicht anders aussehen, als wir glauben, daß sie ausfallen müßten. Wir warten auf dich, daß du uns zeigst, wie wir deine Antworten verstehen sollen.

5. März

Wir bitten manchmal darum, Gott näher zu kommen – und dann lockert Gott z. B. natürliche Beziehungen. Unsere besten Freunde mißverstehen uns, oder sie werden uns gegenüber gleichgültig. Wir möchten treuere Nachfolger Jesu werden – und dann nimmt er uns aus unserer vertrauten Umgebung heraus, schickt uns aus der Heimat und aus unserem Beziehungsgeflecht fort und sagt:

> »... so auch jeder unter euch, der sich nicht lossagt von allem, was er hat, der kann nicht mein Jünger sein.« Lk 14,33

Herr, wir bitten, mache uns willig, alles loszusagen und für zweitrangig zu achten, weil wir vor allem dir folgen möchten.

6. März

Wir bitten um Frieden – und dann ist plötzlich alles in uns und um uns in Aufruhr. Wir sollen dadurch lernen, uns ganz auf Gott zu verlassen und ihm vollständig zu vertrauen.

> »... Wenn er sich aber ruhig hält, wer will ihn verdammen ...?« Hiob 34,29

Danke, Herr, daß du in der Lage bist, Ruhe in unseren Herzen einkehren zu lassen, wenn um uns herum nur Unruhe ist – und manchmal auch in uns. Danke, daß du der Sieger über das alles bist.

7. März

Wir beten um Sieg – und die Dinge dieser Welt ziehen uns in einen Strudel der Versuchungen.

> »... unser Glaube ist der Sieg, der die Welt überwunden hat ...« 1. Joh 5,4

Herr, zu jeder Zeit gib uns diesen Sieg!

8. März

Wir brauchen Männer und Frauen, die voll Heiligen Geistes sind, Menschen, in denen die Gaben der Gnade sich entfalten. Solche Leute können der Welt zeigen, daß Gott lebendig ist.

> »Einem jeden aber von uns ist die Gnade gegeben, nach dem Maß der Gabe Christi.«
>
> Eph 4,7

Herr, wir möchten zu denen gehören, die für die Welt sichtbar werden lassen, daß du heute lebst. Danke für die Gnade, die du jedem von uns geschenkt hast, Gnade, deren Strom niemals versiegt.

9. März

Den Wert der Gaben müssen wir nach dem messen, was in der Heiligen Schrift darüber geschrieben steht. Dort werden sie wichtig genannt. Wenn die Bibel sagt: »Strebt nach geistlichen Gaben . . .« (1. Kor 14,1), dann können wir diese Aussage der Heiligen Schrift nicht umändern in: »Haltet euch fern von geistlichen Gaben.« Wir können gegen ihren Mißbrauch ankämpfen, aber niemals gegen die Gaben selbst.

Welch eine Verantwortlichkeit zeigt sich da! Gott bietet seiner Gemeinde diese Gaben an, aber unter der Bedingung, daß wir darum bitten. Sehr oft unterlassen wir das, und das ist der Grund, warum wir so arm sind und geistlichen Mangel leiden.

»Es sind verschiedene Gaben ... Dies alles aber wirkt derselbe Geist und teilt einem jeden das Seine zu, wie er will.« 1. Kor 12,4

Danke, Vater, daß jeder von uns Gaben empfangen hat. Öffne uns die Augen dafür, daß wir diese Gaben gebrauchen, um dich zu ehren.

10. März

Geh den Weg des Gehorsams! Laß das Wort Gottes sein Werk an dir tun, und dann wirst du von Gott gebraucht werden – weit über deine eigenen Kräfte hinaus.
F.B. Meyer sagt: »Gott erfüllt nicht diejenigen mit seinem Heiligen Geist, die an die Fülle des Geistes glauben oder diejenigen, die es sich wünschen, sondern nur die, die ihm gehorchen.«

»Habt ihr eure Seelen gereinigt im Gehorsam der Wahrheit zu ungefärbter Bruderliebe, so habt euch untereinander beständig lieb aus reinem Herzen ...« 1. Petr 1,22

Vater, hilf mir jederzeit dem gehorsam zu sein, was dein Wort mir sagt, so daß du mich gebrauchen kannst.

11. März

Niemand kann auf Gott vertrauen, der ihm nicht gehorcht. Gehorsam ist die Wurzel des Vertrauens. Im Leben Jesu war wortloses Vertrauen, da auch sein Gehorsam ein wortloser war – ohne Widerrede.

> »... Meinst du, daß der Herr Gefallen habe am Brandopfer und Schlachtopfer gleichwie am Gehorsam gegen die Stimme des Herrn?«
>
> 1. Sam 15,22

Lehre uns, Vater, jederzeit bereit zu sein, auf deine Stimme zu hören und dir gehorsam zu sein, daß du dich über uns freuen kannst.

12. März

Obwohl sich Gottes Liebe niemals wandelt, freuen wir uns doch nicht ständig daran. Wenn sich Sünde zwischen Gott und unsere Seele schiebt, wie eine dunkle Wolke zwischen Sonne und Erde auftauchen mag, dann ist unsere Gemeinschaft mit Gott gestört, die Verständigung abgerissen. Laßt uns deshalb alles vermeiden, was uns die Freude an Gottes unermeßlicher Liebe rauben könnte.

> »... um wieviel mehr ist Gottes Gnade und Gabe den vielen überreich zuteil geworden durch die Gnade des einen Menschen Jesus Christus.« Röm 5,15

Hilf uns, Herr, alles beiseite zu legen, was uns daran hindert, uns deiner Liebe zu erfreuen, alles, was die Gemeinschaft zwischen dir und uns zerstört, weil wir ohne sie nicht leben können.

13. März

Manche Christen leben in Fesseln. Der Grund dafür mag in ihrer Vergangenheit liegen. Es kann irgendeine Sünde sein – vielleicht, weil sie jemand nicht vergeben können. Es kann auch eine Bindung an einen Menschen sein, der uns negativ beeinflußt, oder sogar eine Bindung an einen geistlichen Menschen, der wirklich dem Herrn nachfolgt, der uns aber mehr wert ist als der Herr.

> »Wenn euch nun der Sohn freimacht, so seid ihr wirklich frei ...« Joh 8,36

Herr, zeige mir bitte, was mich noch so bindet, daß es mich nach unten zieht. Öffne mir die Augen, daß ich sehen möge und dich bitten kann, mich zu reinigen.

14. März

Unsere Sünden können uns auf zwei verschiedene Weisen gezeigt werden. Einmal ist es so, daß *Satan* die »Heiligen« – die Menschen, die an Gott glauben – Tag und Nacht verklagt. Immer wieder zählt er uns unsere Sünden auf und hält sie uns vor, bis wir regel-

recht verzweifelt sind. Er sagt dann in unserem Innern: »Da kannst du nun sehen, wer du wirklich bist. Was du getan hast, paßt genau zu deinem Charakter, und der wird sich niemals ändern.«
Wenn uns dagegen der *Heilige Geist* unsere Sünden zeigt, tut er es im vollen Licht dessen, was am Kreuz geschah. Er sagt uns: »Für diese Sünden ist Jesus gestorben. Er trug die Strafe dafür.« Er lebt heute unter uns, und es ist sein Wille, daß du ein sieghaftes Leben führst. Bereue, was du getan hast, und wende dich in seiner Kraft von der Sünde ab. Sein Blut reinigt uns. Er schenkt uns den Sieg. Er gibt Antwort auf unsere bedrängenden Fragen und Probleme, und der Heilige Geist macht uns fähig, unsere Ohren gegenüber dem Ankläger zu verschließen.

> »Und sie haben ihn überwunden durch des Lammes Blut und durch das Wort ihres Zeugnisses.« Offb 12,11

Danke, Herr, für die Kraft deines Blutes. Danke, daß du dein Leben für uns gegeben hast. Danke, daß du Sieger auf immer und ewig bist.

15. März

Ich habe manche jungen Leute getroffen, die frei geworden waren, weil sie an ihre Eltern geschrieben hatten: »Wollt ihr mir bitte vergeben, was ich Unrechtes getan habe? Und ich möchte auch euch vergeben, was ihr falsch gemacht habt.«

Diese jungen Leute wurden ihren Eltern zum Segen. Nach einem solchen Brief konnten einige von ihnen ihre Eltern zu Jesus führen.

»Bekennt also einander eure Sünden und betet füreinander, daß ihr gesund werdet...«
Jak 5,16

16. März

Wie sehr nutzt der Feind doch menschliche Beziehungen, um uns zu Fall zu bringen! Davor kann man nur bewahrt bleiben, wenn man gewisse Freundschaften im Namen Jesu Christi aufgibt.
Wir sind nicht bereit für sein Kommen, wenn nicht alles zwischen Gott und uns Stehende ausgeräumt ist, und auch unsere zwischenmenschlichen Beziehungen bereinigt sind.

»Jagt dem Frieden nach mit jedermann und der Heiligung, ohne die niemand den Herrn sehen wird.« Hebr 12,14

17. März

Es kann auch durchaus sein, daß wir von Bindungen an rechtschaffene Menschen befreit werden müssen, an solche, die wirklich dem Herrn nachfolgen. Das mußte auch ich einst lernen. Meine Schwester Betsie hatte im Konzentrationslager, bevor sie starb, eine

Vision. Durch diese Vision wurde mir klar gemacht, welche Aufgaben ich nach dem Krieg zu übernehmen hatte. Als dann die Zeit kam, wo ich nach Jahren diese Arbeit aus den Händen geben mußte, fühlte ich mich äußerst unglücklich und deprimiert.
Eine Schwester im Herrn zeigte mir, daß auch die Bindung an einen geliebten Menschen, der inzwischen gestorben war, unrecht sein konnte. Im Namen Jesu wurde ich davon gelöst, und dann schenkte der Herr mir tiefen Frieden.

»Es ist gut, auf den Herrn vertrauen und nicht sich verlassen auf Menschen ...« Ps 118,8

»Der Herr macht die Blinden sehend ...« Ps 146,8

Danke, Vater, daß du unsere Augen öffnest, daß wir klar erkennen können, ob wir dir wirklich mehr vertrauen als irgendeinem Menschen, wie lieb er uns auch sein mag.

18. März

Nicht alle Gefangenen befinden sich hinter Gittern. Manche sind Gefangene ihres Ichs, der Lust, des Geldes, des Ehrgeizes oder des Stolzes. Du kannst heute noch frei werden. Bekenne deine Bindung und laß dich reinigen. Im Namen Jesu kannst du eine völlige Kehrtwendung vollziehen.

»Er hat uns errettet von der Macht der Finsternis ...« Kol 1,13

Prüfe mich, Gott, und zeige mir, ob ich ein Gefangener bin. Zeige mir das Kreuz, wo alles vollbracht wurde, so daß ich begreife, daß es mich freigemacht hat.

19. März

Bist du ein Gefangener deiner Lust oder irgendeiner anderen Sucht? Du hast vielleicht gedacht, daß sie dich glücklich machen würde. Aber jetzt weißt du, daß solche Bindungen eine harte Fessel sind und unglücklich machen. Es gibt ein Mittel dagegen: Die Bindung an Jesus. Er trug auch diese Sünde, diese Bindung ans Kreuz. Und er lebt und ist bereit, dich in diesem Augenblick zu befreien. Mach eine Kehrtwendung, komm zu ihm. Er haßt deine Sünde, aber er liebt dich.

»... ich bin nicht gekommen, daß ich die Welt richte, sondern daß ich die Welt rette ...« Joh 12,47

Herr, in deiner Kraft wende ich mich von der Sünde ab und komme zu dir.

20. März

Bist du Gefangener deines Ich?

»Wer mir folgen will, der verleugne sich selbst und nehme sein Kreuz auf sich täglich und folge mir nach...« Lk 9,23

Herr, ich dachte, es würde mich das Leben kosten, wenn ich mich dir auslieferte. Doch nun sehe ich, daß das Gegenteil der Fall ist. Mich dir zu übergeben, bedeutet das Leben gewinnen.

21. März

Bist du Gefangener okkulter Praktiken? Du hast vielleicht nur so zum Spaß daran teilgenommen – als du dann auch zum Wahrsager gingst und dir aus den Handflächen lesen ließest, als er dir sagte, was in Zukunft geschehen würde, und als das dann wirklich eintraf. Aber nun bist du in der Finsternis. Du gerietest durch diesen vermeintlichen Scherz in den Herrschaftsbereich von Dämonen. Und die bedrängen dich nun hart. Aber da ist einer, der stärker ist als sie. Sprich mit Jesus über deine Bindung. Sag ihm, daß dir dieser Weg leid tut, und dann wird er dich freimachen.

»Deshalb ergreift die Waffenrüstung Gottes, damit ihr an dem bösen Tag Widerstand leisten und alles überwinden und das Feld behalten könnt.« Eph 6,13

Vergib mir, Herr Jesus, und befreie mich. Ich preise dich um deines reinigenden Blutes willen.

22. März

Bist du abhängig von Nikotin, Alkohol oder Drogen? Du mußt dir klar darüber werden, daß du dich in einer geistlichen Schlacht befindest. Wir haben nicht gegen Fleisch und Blut zu kämpfen, sondern gegen die Repräsentanten aus dem Hauptquartier des Bösen. Doch die sind in Wirklichkeit besiegte Feinde.
Als ich im Konzentrationslager den Tod vor Augen sah, erschienen mir die Dinge so einfach und klar zu sein. *Hier* war ich, *da* war der Satan. Der war viel stärker als ich. Aber dann war da auch Jesus, und der war noch viel viel stärker als der Satan. Und mit ihm zusammen bin ich auch stärker als der Satan.

> »Seid getrost und unverzagt, fürchtet euch nicht und laßt euch nicht vor ihnen grauen; denn der Herr, dein Gott, wird selber mit dir ziehen und wird die Hand nicht abtun und dich nicht verlassen.« 5. Mose 31,6

Danke, Herr Jesus, für die vollkommene Ausrüstung mit deinen Waffen.

23. März

Der Herr öffnet Türen und macht Gefangene frei – nicht nur solche, die einmal hinter eisernen Vorhängen lebten, sondern auch Gefangene der Sünde, der Selbstsucht und anderer Bindungen. Bist du wirklich frei? Wenn nicht – Jesus kann dich freimachen. Lege deine schwache Hand in seine starke. Er hat gesagt:

> »Kommt her zu mir, alle, die ihr mühselig und beladen seid; ich will euch erquicken.«
> Mt 11,28

Herr, du weißt, wie müde und belastet ich manchmal bin. Ich komme heute zu dir, gerade so wie ich bin. Laß du mich zur Ruhe kommen.

24. März

Ein Kompromiß in geistlicher Hinsicht ist eine fatale Sache. Der Teufel, der »Lügner von Anfang«, sagt dir, daß ein bißchen »Ja, aber ...« doch soviel leichter ist als ein klares »Ja, Herr Jesus!«. Doch das ist nicht wahr! Mit Jesus ist ein Tag immer besser als der andere, aber er möchte nicht, daß du ihn nur als geistliches Versicherungsunternehmen ansiehst. Er ist unser Erlöser. Er hat dich mit seinem Blut erkauft – einem sehr hohen Preis. Er ist der König der Könige, der Sohn Gottes.

> »...erbaut euch auf euren allerheiligsten Glauben ... und erhaltet euch in der Liebe Gottes ...« Jud 20,21

Herr, ich will alles dir ausliefern. Stell meine Füße auf Siegesboden.

25. März

Bist du rückfällig geworden? Der Feind will dir nun einreden, daß du jetzt nie mehr mit dem Herrn gehen kannst. Aber lies doch einmal, was Jesus in Lukas 15,3-7 vom guten Hirten sagt. Er läßt die neunundneunzig guten Schafe im Stall und geht los, um das eine ungehorsame, dumme Schaf zu suchen. Und als er es gefunden hat, freut er sich von Herzen.
Der Herr Jesus freut sich, wenn du wieder zu ihm kommst. Jetzt gerade sagt er dir: »Komm zu mir, der du sehr beladen bist, ich will dir Ruhe geben« (Mt 11,28).

> »... So wird auch Freude im Himmel sein über einen Sünder, der Buße tut ...« Lk 15,7

Herr Jesus, ich bin auch ein verlorenes Schaf. Danke, daß du mich gesucht hast, daß ich wieder zu dir zurückkommen darf.

26. März

Eine nicht bekannte und bereute Sünde ist eine weiterbestehende Sünde. Sei nicht sorglos über eine solche Situation. Du brauchst keine zwei verschiedenen Gifte, um daran zu sterben. Wenn du nicht Buße tust, kann das Blut Christi dich nicht reinigen und du wirst das ewige Leben nicht empfangen.

> »... ein jeder soll ... um *seiner* Sünde willen sterben.« 2. Chr 25,4b

O Herr, hilf mir, jede Sünde, die du mir zeigst, sofort dir zu bringen und um Vergebung zu bitten. Laß mich niemals vergessen, was selbst die kleinste Sünde dich gekostet hat.

27. März

Wie er unser Leben reinigt, so füllt er es auch in überreichem Maß mit dem Heiligen Geist. Alles, was das Licht Gottes uns als Sünde erkennen läßt, können wir bekennen und zur Quelle des Lebenswassers bringen. Dann ist sie aus Gottes Sicht und auch für unser eigenes Herz abgetan.

> »Was Gott rein gemacht hat, das mache du nicht gemein.« Apg 10,15

Herr bewahre uns vor der Sünde, Sünden nicht vergessen zu wollen. Was wir einmal bekannt haben, das ist für immer abgetan. Halleluja!

28. März

Bist du Sieger? Hast du gesiegt? Noch nicht? Heißt das, daß du Niederlagen erlebst? Du bist nicht der erste, dem es so geht. Jesus scheint manchmal eine einzelne Schlacht zu verlieren, aber er verliert niemals einen Krieg. Vertiefe dich in das Wort Gottes. Die Bibel läßt erkennen, daß es zu kämpfen gilt, aber Jesus ist und bleibt der Sieger.

»... daß, wenn sie auch wider dich streiten, sie dir dennoch nichts anhaben können; denn ich bin bei dir, spricht der Herr, daß ich dich errette.« Jer 1,19

Herr Jesus, es sieht alles nach einer großen Niederlage aus, aber ich weiß im tiefsten Herzen, daß du Sieger bist. Mach mich zum Überwinder.

29. März

Wie wunderbar ist es, daß Jesus in diese Welt kam, um Sünder zu retten! Am Kreuz sehen wir, wie schrecklich sündig die Sünde ist. Aber wir sehen auch *Ihn,* der kam, um die Sünde zu zerstören.

»... Dazu ist erschienen der Sohn Gottes, daß er die Werke des Teufels zerstöre.«
1. Joh 3,8

Herr Jesus, wie können wir dir je genug danken, daß du willig warst, in diese Welt zu kommen, um uns zu retten, und daß du kamst, um die Werke des Teufels zu zerstören. Wir danken dir, daß du der Sieger bist!

30. März

In der Bibel finden wir ein wunderbares Anbetungslied Davids. Möchtest du mit David auf diese Weise beten? Gehörst du überhaupt zu denen, die Gott loben und ihn anbeten? Wenn nicht, möchtest du dich ab heute zu ihm hinwenden?

> »Dein, Herr, ist die Majestät und Gewalt, Herrlichkeit, Sieg und Hoheit. Denn alles, was im Himmel und auf Erden ist, das ist dein. Dein, Herr, ist das Reich, und du bist erhöht zum Haupt über alles.« 1. Chr 29,11

Herr, mein Gott, wir kommen zu dir mit Danken, und wir preisen dich um deiner unübertroffenen Größe willen. Wenn unter uns einer ist, der jetzt noch nicht mit uns einstimmen kann in dein Lob, für den bitten wir, daß du an seinem Herzen arbeitest, daß er zu dir kommt, und dich als seinen Herrn und Erlöser annimmt.

31. März

Fürs Gebet muß man sich Zeit nehmen. Das Gebet ist der Schlüssel zu einem guten Ablauf des Tages, und der Schlüssel, der den Tag hinter uns zuschließt und uns in den Frieden der Nacht entläßt.

> »So seid nun allezeit wach und betet . . . «
> Lk 21,36

Laß es uns immer mehr bewußt werden, daß das Gebet die Grundlage unseres Lebens mit dir ist, Herr. Nur dann sind wir in der Lage, deine Stimme zu hören.

April

1. April

Beten bedeutet, daß wir mit einem Herzen, das ihm gegenüber offen ist, auf Gottes Anweisungen und Befehle hören. Es geht dabei ja um ein Gespräch zwischen Vater und Kind. Ein offenes Herz für ihn haben, heißt willig zu sein, alles zu tun, was er uns sagt.

»... Rede Herr, denn dein Knecht hört ...«
1. Sam 3,9

Ja, Herr, so beten wir auch: Rede du, denn wir möchten dich hören. Auch wenn wir so oft unaufmerksam und unwillig sind – du weißt, daß wir uns im tiefsten Herzen danach sehnen, deine Stimme zu vernehmen. Mach uns gegenüber dir und deinen Reden gehorsam.

2. April

Unterlassene Fürbitte ist Sünde. Hast du versprochen, für jemand, der sich in Not befindet, zu beten? Für einen Kranken oder einen Missionar? Hast du das Versprechen gehalten? Wenn nicht, ist dir klar, daß das Sünde ist? Geh damit zum Herrn und bitte ihn um Vergebung.

»Es sei ... ferne von mir, mich an dem Herrn dadurch zu versündigen, daß ich davon abließe, für euch zu beten...« 1. Sam 12,23

Herr, mache mich darin treu, daß ich für andere im Gebet vor dir eintrete, und bewahre mich in dieser Haltung.

3. April

Eines Tages – es war in Deutschland – kam eine Frau zu mir. Ihr Gesicht war von Haß entstellt. Sie war erfüllt von ihren eigenen guten Eigenschaften und von den Fehlern anderer. Ich ließ sie reden und hörte nur zu. Plötzlich war es, als ob irgend etwas in ihr zerbräche. Und dann bekannte sie, daß sie ein völlig leergebranntes Herz habe.
Ich sagte ihr: »Ich weiß einen, der die Leere Ihres Herzens füllen kann. Doch zu ihm können Sie nur kommen mit einem Gebet um Gnade, und dazu sind Sie nicht in der Lage.« Erschrocken schaute sie mich an. »Oh ich Heuchlerin«, rief sie plötzlich aus. »Jetzt sehe ich es ein. Gibt es denn für mich nun keine Gnade mehr?«
Ich wies sie auf die schlichte, unermeßlich große Liebe Jesu zu den Sündern hin. Sie war zwar nicht augenblicklich und vollständig von ihrem Hochmut befreit, aber ihre Haltung war beim Abschied doch schon viel demütiger als vorher. Später erfuhr ich, daß im anschließenden Raum ein Mann die ganze Zeit über für

unser Gespräch gebetet hatte. Was für eine wunderbare Möglichkeit ist die Fürbitte!

> »So ermahne ich nun, daß man vor allen Dingen tue Bitte, Gebet, Fürbitte und Danksagung für alle Menschen.« 1. Tim 2,1

Danke, Vater, daß wir alle am Gebet und der Fürbitte für andere beteiligt sein können. Danke, daß du uns zu jeder Zeit hörst, und daß du mehr tun willst, als wir uns je ausdenken können. Wir preisen dich.

4. April

Wie wichtig sind unsere Gebete in Gottes Augen? Weißt du, daß nicht eins deiner Gebete verloren geht? Deine Gebete – für deinen Sohn, deine Tochter, deine Mutter, deinen Vater, deinen Freund oder für wen du auch immer betest – diese Gebete sind so kostbar, daß sie im Himmel aufbewahrt werden.

> »Und ein anderer Engel kam und trat an den Altar und hatte ein goldenes Räuchergefäß; und ihm wurde viel Räucherwerk gegeben, daß er es darbringe mit den Gebeten aller Heiligen auf dem goldenen Altar vor dem Thron.« Offb 8,3

Herr, vergib mir, daß ich die Fürbitte unterschätzt habe. Ich betete ja zu dir im Namen Jesu, und deshalb sind diese Gebete so wertvoll. Halleluja.

5. April

Jeder von uns kann für die Mitglieder seiner Regierung bitten, ebenso wie wir für die Errettung Ungläubiger beten können und für Kraft und Ermutigung für die, die es nötig haben – tatsächlich für jeden Menschen. Die Bibel sagt uns immer wieder, daß das unser Auftrag ist.

> »... Und der Herr wandte das Geschick Hiobs, als er für seine Freunde Fürbitte tat ...«
>
> Hiob 42,10

Vater, wie wundervoll ist es, daß du uns erlaubst, zu dir zu kommen mit all dem, was uns bewegt, aber auch mit den Nöten anderer Menschen. Danke, daß wir alles von uns abwerfen dürfen und dir überlassen können. Danke, daß du hörst.

6. April

In unseren Tagen wird viel vom Frieden unter den Völkern geredet. Jeder weiß, wie nötig das ist. Viele denken, daß schon das Gespräch darüber eine Hilfe bedeutet. Wenn das aber nicht im Namen Gottes geschieht, und die führenden Persönlichkeiten nicht Weisheit von oben empfangen, wird es nicht viel nützen.

> »Sie kennen den Weg des Friedens nicht, und Unrecht ist auf ihren Pfaden. Sie gehen auf

krummen Wegen; wer auf ihnen geht, der hat keinen Frieden.« Jes 59,8

Herr, lehre uns den Weg des Friedens. Halte uns davon ab, krumme Wege zu gehen. Wir wollen dir allein folgen.

7. April

Oft klingt das Reden vom Frieden so schön, aber in Wirklichkeit baut sich da nur eine leere Fassade vor uns auf. Es ist kein echter Friede hinter den Worten. Wenn wir uns aber für den Frieden durch Jesus Christus entscheiden, bedeutet das echte Harmonie. Gott will unsere Herzen demütigen, und dann werden wir fähig sein, den Weg wirklichen Friedens zu gehen.

»...Und es wird eine Straße dasein für den Rest seines Volkes...« Jes 11,16

Danke, Vater, daß du durch Jesus Christus den Weg des Friedens für uns geöffnet hast und daß er versprochen hat, uns *seinen* Frieden zu geben.

8. April

Wenn die Gemeinde und ihre Gläubigen Frieden suchen, muß ihnen immer bewußt bleiben, daß sie damit auf Gottes Seite stehen. Und Gott bringt immer Licht in undurchdringliche Situationen. Ohne Kraft von oben können wir nichts beurteilen. Und wir müssen für die Verantwortlichen unserer Kirchen und Gemeinden beten, daß sie mit dem Heiligen Geist erfüllt werden.

> »So ermahne ich nun, daß man vor allen Dingen tue Bitte, Gebet, Fürbitte und Danksagung für ... die Könige und alle Obrigkeit, damit wir ein ruhiges und stilles Leben führen können.«
> 1. Tim 2,1.2

Mache uns treuer, Herr, in der Fürbitte für diejenigen, die die große Verantwortung tragen, eine Nation führen zu müssen. Gib ihnen deine Weisheit für all die Entscheidungen, die sie zu treffen haben.

9. April

Wir leben gerade in der Pause, bevor die »letzte Posaune« geblasen wird. Das ist nun der große Advent für die ganze Welt. Jesus kommt und will alle Dinge neu machen.

> »... Siehe, ich mache alles neu ...« Offb 21,5

Herr, ich schaue in die Zukunft auf dein Kommen hin. Gib mir Anregungen, wie ich inzwischen die Zeit ausnutzen soll.

10. April

In der unsichtbaren Welt ist eine riesige Schlacht im Gange. Der Feind wird mit aller Macht versuchen, uns von Gott zu entfremden, unseren Glauben an Jesus Christus zu untergraben und uns zur Auflehnung gegen Gott aufzustacheln. Wir können natürlich vor der Gefahr unsere Augen verschließen und nicht hinschauen, wohin der Lauf der Welt uns treibt. Aber Jesus sagt:

> »So seid allezeit wach und betet, daß ihr stark werdet, zu entfliehen diesem allen, was geschehen soll, und zu stehen vor dem Menschensohn.« Lk 21,36

Herr, du allein kannst uns halten, so daß wir eines Tages vor dir stehen können. Gib uns Kraft und bewahre uns davor, von dir abzufallen.

11. April

Als ich einmal im Krankenhaus war, mußte ich eine besondere Lektion lernen. Ich hatte viele Schmerzen und dachte dabei an das, was Jesus erduldete – für meine Sünden und die Sünden der ganzen Welt. Ich erinnerte mich auch an seine Liebe zur Welt und an seine Liebe zu mir, und darüber empfing ich neue Kraft.

Mir wurde bewußt, daß Jesus seinen Weg durch Leiden zur Herrlichkeit ging. Wird darin nicht auch ein

Stück von dem sichtbar, wie Gott uns führt? Wenn wir ihm in seinem Leiden folgen, wird er uns auch zur Herrlichkeit kommen lassen.

> »...Der Geist selbst gibt Zeugnis unserm Geist, daß wir Gottes Kinder sind. Sind wir aber Kinder, so sind wir auch Erben, nämlich Gottes Erben und Miterben Christi, wenn wir denn mit ihm leiden, damit wir auch mit zur Herrlichkeit erhoben werden.« Röm 8,16.17

Führe du mich beständig, Vater. Und wenn das Leiden mit zu meinem Weg gehört, erinnere mich daran, daß auch das dich ehren soll. Danke, daß du mein Helfer bist.

12. April

Bist du ein Kind Gottes? Gott wartet auf dich, daß du zu ihm kommst und ihm sagst, daß du den Wunsch dazu hast – falls du heute noch nicht zu ihm gehörst. Die Voraussetzung dazu ist bereits vor vielen Jahrhunderten am Kreuz geschaffen worden, als Jesus dort für dich starb.
Heute fragt er dich – und ich darf dich in seinem Namen fragen –: »Möchtest du ein Kind Gottes werden?« Wenn du antwortest: »Ja, Herr, ich will, weil ich dich lieb habe«, dann wird er sagen: »Auf diese Antwort habe ich schon so lange gewartet. Es ist nun gut – jetzt bist du mein Kind.«

»...Wie viele ihn aber aufnahmen, denen gab er Macht, Gottes Kinder zu werden, denen, die an seinen Namen glauben...« Joh 1,12

Herr, wir danken dir, daß wir dich als unseren Herrn und Erlöser kennen dürfen. Wir bitten für die, die dich noch nicht angenommen haben. Öffne ihre Augen, daß sie sehen mögen.

13. April

Am Kreuz Jesu sah es aus, als ob das Böse seinen höchsten Triumph feierte, und alle Liebe schien am Ende zu sein. In Wirklichkeit war es ihr größter Erfolg und die Grundlage der Erlösung für alle, die ihn suchen. Sie werden immer in der Gemeinschaft mit ihm leben.

»Denn der Herr, dein Gott, ist bei dir, ein starker Heiland. Er wird sich über dich freuen und dir freundlich sein, er wird dir vergeben in seiner Liebe und wird über dich mit Jauchzen fröhlich sein.« Zef 3,17

Vater, halte uns nahe bei dir, fülle uns mit deiner Liebe, so daß du dich wirklich über uns freuen kannst.

14. April

Wenn Gott dich ruft, schau nicht über die Schulter zurück, um zu sehen, wer sonst noch mitgeht. *Du* mußt Ihm antworten. Meist ist es so, daß Gott deinen Nächsten an eine andere Aufgabe stellt. Du und ich – wir wollen in seinem Dienst tätig sein an dem Platz, den er uns bestimmt.

> »Und er hat einige als Apostel eingesetzt, einige als Propheten, einige als Evangelisten, einige als Hirten und Lehrer, damit die Heiligen zugerüstet werden zum Werk des Dienstes. Dadurch soll der Leib Christi erbaut werden.«
> Eph 4,11.12

15. April

Die ganze Auswirkung der Sünde kann ich gar nicht erkennen, bis ich sie im Licht des Kreuzes sehe. Das Schreckliche der Sünde, ob es sich nun um kleine oder große Sünden handelt, wird mir bewußt angesichts dessen, was sie Gott gekostet hat: Er gab seinen einzigen Sohn, damit er am Kreuz dafür starb.

> »... Der auch seinen eigenen Sohn nicht verschont hat, sondern hat ihn für uns alle dahingegeben ...« Röm 8,32

Vater, ich kann dir niemals genug danken für deine Liebe zu uns – auch für mich. Nimm mein Leben in deine Hände und mach etwas zu deiner Ehre daraus.

16. April

Was zeigt uns das Kreuz? Was sehen wir, wenn unsere Augen geöffnet worden sind? Daß unsere Schuld auf Jesus gelegt worden ist, und daß seine Gerechtigkeit dafür auf uns übertragen wurde.
Jesus standen Legionen von Engeln zur Verfügung, die ihn überlegen hätten verteidigen können. Keiner hätte ihm etwas anhaben können, wenn er selbst es nicht zugelassen hätte. Doch er nutzte seine Macht nicht aus. Durch seinen Gehorsam schenkte er uns statt dessen seine Gerechtigkeit, seine Unangreifbarkeit – dir und mir.

> »Er erniedrigte sich selbst und ward gehorsam bis zum Tode, ja zum Tode am Kreuz.«
>
> Phil 2,8

> ». . . damit ihr ohne Tadel und lauter seid, Gottes Kinder, ohne Makel mitten unter einem verdorbenen und verkehrten Geschlecht . . .«
>
> Phil 2,15

Danke, Herr, für das, was du für mich tatest.

17. April

Wir brauchen die Gewißheit unserer Errettung. Da darf nichts Verschwommenes oder Unsicheres in unserer Beziehung zu Jesus und Gott sein.

»Das habe ich euch geschrieben, damit ihr wißt, daß ihr das ewige Leben habt, die ihr glaubt an den Namen des Sohnes Gottes.«

1. Joh 5,13

Vater, ich danke dir, daß ich weiß, daß ich ewiges Leben habe, weil dein Sohn uns gesagt hat, daß jeder, der an ihn als an seinen Herrn glaubt, ewiges Leben *hat.*

18. April

Versuche nicht, dem Kreuz auszuweichen.

»...Und wer nicht sein Kreuz trägt und mir nachfolgt, der kann nicht mein Jünger sein.«

Lk 14,7

Herr, mache mich willig, dir an jedem neuen Tag zu folgen.

19. April

Das Blut Jesu Christi hat große Kraft! Es gibt wohl kaum eine Stelle in der Bibel, in der so viel geheimnisvolle Wahrheit verborgen liegt, wie in der Rede vom Blut Jesu. Da ist das Geheimnis seiner Inkarnation, als Jesus unser Fleisch und Blut annahm; das Geheimnis seines Gehorsams bis zum Tod, als er am Kreuz auf Golgatha sein Leben hingab; das Geheimnis seiner

Liebe, die über alles Verstehen hinaus ging, als er uns mit seinem Blut erkaufte; das Geheimnis des Bösen und das Geheimnis unserer ewigen Erlösung.

> »... Er ist ... durch sein eigenes Blut ein für allemal in das Heiligtum eingegangen und hat eine ewige Erlösung erworben.« Hebr 9,12

Hilf uns, Herr, daß wir den Wert deines Blutes besser erkennen. Vor unserem natürlichen Verstand ist das verborgen, aber bitte offenbare es unserem Geist.

20. April

Warum haßt es der Teufel, wenn vom Blut Christi gesprochen wird? Weil es ihn an seine auf Golgatha durch den Tod Jesu erlittene Niederlage erinnert. Jesus gab dort sein Blut für uns hin. Aber es erinnert ihn ebenso daran, daß Jesus lebt, daß er der Auferstandene ist, zu dem wir mit unseren Sünden immer wieder gehen dürfen. Das ist der Grund dafür, warum Satan es fürchtet. Dem Blut Jesu Christi ist eine große Kraft zu eigen.

> »Und sie haben ihn überwunden durch des Lammes Blut und durch das Wort ihres Zeugnisses und haben ihr Leben nicht geliebt, bis hin zum Tod.« Offb 12,11

Vater, wir danken dir, daß wir den Bösen überwinden können durch das Blut deines Sohnes und durch unser Zeugnis. Mache uns standhaft im Glauben und hilf uns, ein klares Zeugnis an diejenigen weiterzugeben, die dich noch nicht kennen.

21. April

Bist du auf das Kommen Jesu vorbereitet? Bin ich dazu bereit? Es ist wunderbar, daß die Bibel ganz klar sagt, daß wir nur durch eine völlige Auslieferung an den Herrn für seine Wiederkunft bereitgemacht werden können. Wenn das nämlich von uns abhinge, dann würde uns das an einem Tag gelingen, und am anderen würden wir versagen.

> »... Jesus Christus: Der wird euch auch fest erhalten bis ans Ende, daß ihr untadelig seid am Tag unseres Herrn Jesus Christus.«
>
> 1. Kor 1,7.8

Danke, Herr, daß du unsere Stärke bist und daß du, wenn wir uns dir und deinem Willen völlig ausliefern, uns festhalten willst bis ans Ende.

22. April

Ein furchtbarer Kampf steht uns noch bevor, aber die Zeit kommt, wo unsere Heiligung vollendet ist. Ja, das Beste kommt noch. Eines Tages wird der Kampf zu Ende sein. Dann ist der Sieg ein vollständiger auf der ganzen Linie – der Sieg durch Jesus Christus!

»Er aber, der Gott des Friedens, heilige euch durch und durch und bewahre euren Geist samt Seele und Leib unversehrt, untadelig für die Ankunft unseres Herrn Jesus Christus.«

1. Thess 5,23

Wie sehnen wir uns danach, durch und durch geheiligt zu werden, Herr. Mache uns willig, deinen Geist in uns arbeiten zu lassen.

23. April

Wenn die Marschbefehle unseres Körpers erteilt sind – und sie scheinen recht genau zu sein – brauchen wir uns nicht zu fürchten. Er selbst will uns Mut machen, uns die Treue und die Kraft geben, um ihm zu gehorchen. »Geh in dieser deiner Kraft«, sagt er zu uns, wenn er uns durch den Heiligen Geist die Früchte des Geistes, nämlich Treue und Kraft geschenkt hat.

»...sind wir untreu, so bleibt er doch treu; denn er kann sich selbst nicht verleugnen.«

2. Tim 2,13

Danke Herr, daß wir niemals in unserer eigenen Kraft gehen müssen. Danke, daß du selbst uns alles zur Verfügung stellst, was wir brauchen. Hilf uns nur, treu zu sein.

24. April

Es ist in diesen Tagen von besonderer Wichtigkeit für uns, Jesus als Überwinder zu erkennen. An seiner Seite zu stehen, ihm zu folgen, mit ihm in Gott geborgen zu sein – das ist die sichere Position für jeden Nachfolger Jesu, der in dieser Zeit den Kampf des Glaubens kämpft. Und das gilt auch für die kommende letzte Schlacht.

> »...Und stellt euch nicht dieser Welt gleich, sondern ändert euch durch Erneuerung eures Sinnes, damit ihr prüfen könnt, was Gottes Wille ist, nämlich das Gute und Wohlgefällige und Vollkommene.« Röm 12,2

Herr, wir danken dir, daß du uns niemals allein lassen willst. Wenn wir nur in dir bleiben, sind wir mit dir in Gott geborgen und werden fähig sein, zu überwinden.

25. April

Fürchtest du dich, ein Zeugnis deines Glaubens weiterzugeben? Wonach triffst du deine Entscheidung, wo und gegenüber wem du Zeuge Jesu sein möchtest? Denke daran, daß auch dein Briefträger eine Ewigkeit zu gewinnen oder zu verlieren hat.

> »Darum geht hin und machet zu Jüngern alle Völker ... und lehrt sie ...« Mt 28,19

Herr, zeige mir, wem ich die frohe Botschaft des Evangeliums weitersagen kann. Ich will dir gehorchen, deine Entscheidung soll gelten – nicht meine.

26. April

Wir haben unser Ich losgelassen oder aber wir haben es *nicht* getan. Der Test dafür besteht in unseren Reaktionen auf das, was uns begegnet. Viele Menschen sind zwar korrekt in ihren Aktionen, aber nicht in ihren *Reaktionen.* Unsere Umgebung achtet auch auf unsere Reaktionen. Ist uns klar, daß davon möglicherweise abhängt, ob andere sich zu Jesus hingezogen fühlen oder sich von ihm abwenden?

> »So seht nun sorgfältig darauf, wie ihr euer Leben führt ...« Eph 5,15

Danke Herr, für deine Gnade, die in uns wirken soll, damit andere dich sehen und sich zu dir wenden.

27. April

Wenn die Menschen Jesus in der Bibel nicht finden, ist es nicht unsere Schuld. Wenn sie ihn aber in unserem Leben auch nicht entdecken, dann haben wir versagt.

> »Wer sagt, daß er in ihm bleibt, der soll auch leben, wie er gelebt hat.« 1. Joh 2,6

Hilf mir, Herr, in meinem täglichen Leben wirklich in dir zu bleiben, so daß andere dich sehen und zu dir als ihrem Herrn und Erlöser kommen.

28. April

Kein Mensch wird wissen, was du meinst, wenn du ihm sagst, daß Gott Liebe ist, wenn du diese Liebe nicht auslebst. Gott selbst wird die Gelegenheiten dazu schaffen.

> »... wie ich euch geliebt habe, damit auch ihr einander liebhabt. Daran wird jedermann erkennen, daß ihr meine Jünger seid, wenn ihr Liebe untereinander habt.« Joh 13,34.35

Herr, gib uns diese Liebe immer neu.

29. April

Einmal sprach ich zu einer Gruppe von Studenten. Ich hatte den Eindruck, daß die Verantwortlichen nicht genau wußten, was sie mit mir anfangen sollten – so eine alte Frau! Die sollte zu Studenten sprechen!? Trotzdem gaben sie mir eine Gelegenheit, ein Zeugnis zu sagen.
Ein paar Jahre später hörte ich, was sich anschließend zugetragen hatte. Einer der Leiter dieser Gruppe kam zu mir und sagte: »Erinnern Sie sich noch an jenes Treffen? Wissen Sie, was der Herr während jener Wo-

che durch Sie bewirkte? Für viele Studenten wurden die Tage zu einer entscheidenden Zeit für ihr ganzes Leben.«

Immer wenn ich so etwas höre, werde ich an den Himmel erinnert. Wie wird das sein, wenn andere dann zu uns kommen und sagen: »Du hast mich eingeladen. Hier bin ich!« Ja, dort werden wir sehen, wie der Herr unser Zeugnis gesegnet hat, das tröstende Wort, das wir hier auf der Erde weitergaben. Gottes Wort kommt nie leer zurück. Halleluja!

»...Wohl allen, die auf ihn trauen!«

Ps 2,12

Danke, Vater, daß du sogar mich brauchen willst, und daß ich an andere weitergeben darf, was du mir schenktest.

30. April

Hüte dich vor Kritik an deinen Mitchristen. In Römer 14 werden wir ermahnt, Gottes Diener nicht zu kritisieren. Der Heilige Geist gibt uns die Weisheit, die wir brauchen, um zwischen einer notwendigen Beurteilung und falscher Kritik zu unterscheiden.

»Du aber, was richtest du deinen Bruder? Oder was verachtest du deinen Bruder? Wir werden alle vor den Richterstuhl Gottes gestellt werden.«

Röm 14,10

Herr, vergib mir meine Kritiksucht. Gib mir die Frucht des Heiligen Geistes – die Liebe – dann werde ich in hilfreicher Weise Dinge und Menschen beurteilen.

Mai

1. Mai

Das Erkennen und Beurteilen einer Situation ist gleichzeitig Gottes Aufforderung zur Fürbitte – es geht nicht um Schuldzuweisung.

> »... und ertrage einer den anderen und vergebt euch untereinander, wenn jemand Klage hat gegen den anderen...« Kol 3,13

O Herr, laß mich heute die Menschen, die mir begegnen, mit deinen Augen sehen.

2. Mai

Es ist ein geistliches Gesetz, daß der Mensch nur Frieden finden kann, wenn er selbst anderen ohne Vorbehalt zu vergeben bereit ist.

> »... und vergib unsere Sünden; denn auch wir vergeben allen, die an uns schuldig werden...«
> Lk 11,4

Danke Herr, daß du durch deinen Heiligen Geist Gottes Liebe in mein Herz gegeben hast. Danke, Vater, daß deine Liebe in mir stärker ist, als meine Unversöhnlichkeit, mein Groll und – ja – mein Haß. Halleluja!

3. Mai

Der sicherste Test im Hinblick auf deine geistliche Kraft besteht in der Frage, ob du deine Feinde lieben kannst. Gott weiß, daß du das von dir aus nicht fertigbringst. Du brauchst seine Liebe, mit der er vorher dein Herz erfüllen muß. Er will es tun.

> »Die aber Christus Jesus angehören, die haben ihr Fleisch gekreuzigt samt den Leidenschaften und Begierden.« Gal 5,24

Herr Jesus, so oft konntest du für andere in uns nicht sichtbar werden, weil wir zu sehr mit uns selbst beschäftigt waren. So oft gaben wir deiner Liebe in uns keinen Raum. Wir vergaßen dabei, daß unsere Umgebung uns beobachtete, um zu sehen, wie wir unseren Feinden gegenüber reagieren würden. Vergib uns und reinige uns.

4. Mai

Manchmal läßt Gott uns auf die Erhörung unserer Gebete eine Weile warten. Doch niemals – keine einzige Sekunde – läßt er uns warten auf die Erfüllung unserer Bitte um Vergebung. Er haßt die Sünde und möchte sie nur allzu gern wegwischen. Er liebt den

Sünder und ist nur allzu gern bereit, ihn anzunehmen. Und er ist in der Lage dazu, weil Jesus die Strafe für all unsere Sünden trug und ans Kreuz brachte. Der Vater liebt seinen Sohn und freut sich, wenn er uns in sein Bild umgestalten, uns ihm ähnlicher machen kann.

> »... Es lasse ab von Ungerechtigkeit, wer den Namen des Herrn nennt.« 2. Tim 2,19

Vater, wir wissen, daß du alle unsere Gebete erhörst. Und doch kommt es uns zu Zeiten so vor, als seist du taub für unsere Nöte. Und dann werden wir ungeduldig. Vergib uns, da wir manchmal an deiner Liebe zweifeln. Auch das ist ja Sünde. Wir möchten deiner Anweisung gehorchen und uns von allem Unrecht trennen.

5. Mai

»Werdet voll Heiligen Geistes« ist das fröhlichste Gebot der Bibel. Es ist der Heilige Geist, der uns »Frucht« schenkt und die Gaben, die wir brauchen, um Licht der Welt zu sein. Er will uns Brot für andere sein lassen, Salz der Erde. Und er will uns die Augen öffnen, damit wir nach seinen Maßstäben sehen und erkennen können.

> »... ich ... gedenke euer in meinem Gebet, daß der Gott unseres Herrn Jesus Christus, der Vater der Herrlichkeit, euch gebe den Geist der

Weisheit und der Offenbarung, ihn zu erkennen. Und er gebe euch erleuchtete Augen des Herzens, damit ihr erkennt, zu welcher Hoffnung ihr von ihm berufen seid, wie reich die Herrlichkeit seines Erbes für die Heiligen ist...« Eph 1,17.18

Herr, hier ist mein Leben: Nimm es, fülle es, brauche mich.

6. Mai

Dr. F. B. Meyer erzählt, wie sein Leben als Christ anfänglich beeinträchtigt und sein Dienst gelähmt wurde, nur weil er eine einzelne Sache dem Herrn nicht ausgeliefert hatte. Er hatte den »ganzen Schlüsselbund« seines Lebens, den Zugang zu allen Bereichen, dem Herrn übergeben – bis auf einen.
Der Schlüssel zu diesem Gebiet sollte dem persönlichen Gebrauch vorbehalten bleiben. Der Herr war daraus ausgeschlossen. Die Wirkung dieser unvollständigen Hingabe zeigte sich dann aber in einem Mangel an Kraft, an Sicherheit, an Freude und Frieden.

»...wer... (irgend etwas) mehr liebt als mich, der ist mein nicht wert...« Mt 10,37

Vergib mir meine Halbherzigkeiten. Nimm mich zu hundert Prozent in deine Führung.

7. Mai

Die meisten Menschen scheinen zufrieden zu sein mit einem Leben, das ihre sinnlichen Bedürfnisse erfüllt: Wenn sie genug zu essen haben, einen bequemen Platz zum Schlafen und Gemeinschaft mit einem oder mehreren Artgenossen, dann reicht ihnen das. Diese drei Voraussetzungen genügen auch einem Hund. Aber ganz gewiß ist es so, daß ein menschliches Wesen noch eine andere Dimension hat – einen Geist, der etwas vom Dasein Gottes ahnt, und deshalb mehr fordert, als die triebbedingte Bedürfnisbefriedigung eines Tieres. Worauf zielt dein höchstes Streben? Welche Pläne oder Ziele verfolgst du? Lebst du wirklich oder vegetierst du bloß? Jesus gibt uns eine klare Perspektive im Hinblick auf unser Leben:

> »... Ich bin gekommen, damit sie das Leben und volle Genüge haben sollen.« Joh 10,10

Vergib mir, Vater, daß ich gar zu schnell zufrieden war mit einem oberflächlichen Leben, während du uns eine so unaussprechliche Freude und große Herrlichkeit in Jesus Christus angeboten hast.

8. Mai

Hingabe bedeutet, Unrecht aus unserem Leben auszuklammern. Dinge, von denen wir erkennen, daß sie falsch sind, oder wo wir im Zweifel sind, müssen vollständig aufgegeben werden.

»...sündige hinfort nicht mehr...« Joh 5,14

Hilf uns, Herr, einen klaren Schritt zu vollziehen gegenüber allem, von dem wir wissen, daß es in deinen Augen unrecht ist. Danke, daß dein Geist uns nicht zur Ruhe kommen läßt, bis wir das alles ausgeräumt haben.

9. Mai

Der Herr wußte alles über Nathanael. Er sagte zu ihm: »Bevor Philippus dich rief, als du unter dem Feigenbaum warst, sah ich dich ...« Als Philippus noch vor sich hinsann, als vielleicht Wünsche und Sehnsüchte in ihm aufstiegen, da sah Jesus ihn schon. Nathanael lernte dabei eine Seite von Jesus kennen, die ihn sehr ermutigte. Er wußte plötzlich: Er kennt mich ... er liebt mich ... er sorgt sich um uns Menschen. Das war der fröhliche Anfang seiner Nachfolge.
Weißt du, wer Jesus ist? Ist dir klar, daß er dich sieht – eben jetzt – daß er dich liebt? Laß dich einladen zu seiner Nachfolge.

»... Jesus spricht zu ihm: Folge mir nach!«
Joh 1,43

O Herr, welche Freude ist es, daß ich das darf. Ja, Herr, tausendmal ja! Komm in mein Leben, in mein Herz! Erfülle mich mit deinem Heiligen Geist!

10. Mai

Der Weg zum Bereitsein, der Weg der Heiligung führt nur über die völlige Hingabe an Jesus. Er sehnt sich nach uns und will uns auf seine Wiederkehr vorbereiten. Paulus schrieb an die Thessalonicher:

> »Euch aber lasse der Herr wachsen und immer reicher werden in der Liebe untereinander und zu jedermann...« 1. Thess 3,12

Ja, Herr, wir möchten uns völlig dir übergeben. Mache uns willig, uns von dir auf deine Wiederkunft vorbereiten zu lassen, so daß dieser wunderbare Tag uns bereit findet.

11. Mai

Hingabe! Der Töpfer kann das Gefäß nicht formen, wenn der Ton, der dazu nötig ist, nicht in seine Hände gegeben wird, oder wenn wir ihn nicht bis zum Schluß darin lassen wollen – jedes kleinste bißchen des Materials...

> »Weh dem, der mit seinem Schöpfer hadert, eine Scherbe unter irdenen Scherben! Spricht denn der Ton zu seinem Töpfer: Was machst du?...« Jes 45,9

> »Aber nun Herr, du bist doch unser Vater! Wir sind Ton, du bist unser Töpfer...« Jes 68,7

Himmlischer Vater, wir bitten dich wieder ganz neu: Forme uns und mache aus uns Gefäße zu deiner Ehre. Bewahre uns davor, daß wir gegen dich ankämpfen. Wir danken dir, daß wir getrost alles, was zu unserem Leben gehört, in deinen Händen lassen können – du unser Töpfer *und* unser Vater!

12. Mai

Es fällt uns sehr schwer, Krankheiten zu akzeptieren. Als junge Frau wurde ich von einer sich lange hinziehenden Krankheit befallen. Es dauerte eine ganze Zeit, bis ich mich an Gott ausliefern und die Situation akzeptieren konnte.
Ich lernte es, Gott trotzdem zu danken, aber ich konnte nicht verstehen, warum er wollte, daß ich im Bett liegen sollte – eingesperrt in den Wänden meines kleinen Zimmers. Jeden Tag betete ich um inneren Frieden. Schließlich kam dann auch der Augenblick, an dem ich sagen konnte: »Ja, Herr, du weißt es am besten.«

> »... wir ... lassen nicht ab, für euch zu bitten, daß ihr ... gestärkt werdet mit aller Kraft durch seine herrliche Macht zu aller Geduld und Langmut. Mit Freuden sagt Dank dem Vater, der euch tüchtig gemacht hat zu dem Erbteil der Heiligen im Licht.« Kol 1,11.12

Vater, ich danke dir, daß du mich fähig machst, alle Erfahrungen zu bewältigen, von denen du denkst, daß sie in mein Leben gehören. Lehre mich immer mehr, alles als von dir kommend zu akzeptieren. Danke, daß du niemals einen Fehler machst in einem Leben, das dir in die Hände gegeben wird.

13. Mai

Hat jede Krankheit ihre Ursache außerhalb des Willens Gottes? Das könnte ich nicht sagen, denn schließlich sollen wir in den »höheren Dienst« für Gott immer mehr eingeübt werden. Und ich weiß, daß Leiden ein Teil dieser Einübung sein kann.
Wenn man jedoch den kleinsten Krankheitssymptomen allzu viel Beachtung schenkt, arbeitet man dem Teufel in die Hände. Er benutzt mangelndes Wohlbefinden dazu, uns niederzudrücken, bis wir schließlich die Dinge nicht mehr im rechten Verhältnis zu ihrer tatsächlichen Bedeutung sehen. Deshalb sollten wir auch diese »kleinen« Symptome dem Herrn übergeben. Er weiß, wie schwer uns manche Arbeit werden kann, wenn wir uns nicht wohlfühlen. Und er ist in der Lage, uns die Kräfte zukommen zu lassen für das, was getan werden muß. Vielleicht sagt er uns aber auch gerade, daß wir uns für eine Weile zurückziehen und uns von ihm erfrischen lassen sollen.

> »Alle eure Sorge werft auf ihn; denn er sorgt für euch.« 1. Petr 5,7

Danke, Herr, daß du mein Helfer bist, daß du für mich sorgst, in welchen Umständen ich mich auch immer befinde. Danke, daß ich dir immer vertrauen und in dir zur Ruhe kommen kann.

14. Mai

In Gottes Treue liegt ewige Sicherheit für uns beschlossen. Ich frage einmal meinen Vater, was Prädestination sei. Er antwortete: »... daß der Grund meines Glaubens nicht in mir liegt, sondern in der Treue Gottes.«

> »Aber der feste Grund Gottes besteht und hat dieses Siegel: Der Herr kennt die Seinen; und: Es lasse ab von Ungerechtigkeit, wer den Namen des Herrn nennt.« 2. Tim 2,19

Vater, danke für dein Wort, das uns immer wieder versichert, daß du jeden von uns kennst, der dein Kind ist, und daß du auch alle unsere Bedürfnisse und Nöte kennst.

15. Mai

Leiden ist Gottes dorniger und beschwerlicher, aber gesegneter Pfad, der zu wunderbarem Sieg führt. Wir müssen lernen, treu zu bleiben.

> »Fürchte dich nicht vor dem, was du leiden wirst! ... Sei getreu bis an den Tod, so will ich dir die Krone des Lebens geben.« Offb 2,10

Herr, du weißt, wie oft mich Furcht beschleicht, wenn ich etwas von Leiden höre und wenn ich selbst leiden muß. Danke für deine Verheißungen. Danke für deinen Sieg. Laß auch mich überwinden.

16. Mai

Es gibt Dinge, die nicht unbedingt schlecht sind im Hinblick auf andere, für uns selbst stellen sie aber ein Hindernis dar. Das können wir auf verschiedene Weise feststellen: 1. Wir fühlen uns nicht wohl bei der Sache; 2. wir sind mit unserem eigenen Gewissen uneins deswegen; 3. wir bitten andere Menschen um Rat in der Hoffnung, daß sie uns das sagen, was wir hören möchten.
Laßt uns diese Warnungen beachten. Solche Dinge sollten dann beiseite geschoben werden in der Kraft Jesu, die er uns geben möchte. Laßt uns ihn bitten, den Kampf für uns zu führen.

> »Weil wir nun solche Verheißungen haben, meine Lieben, so laßt uns vor aller Befleckung des Fleisches und des Geistes uns reinigen und die Heiligung vollenden in der Furcht Gottes.«
> 2. Kor 7,1

Und, Herr, wir danken dir, daß wir das nicht in unserer eigenen Kraft tun müssen, sondern daß du uns die Fähigkeit dazu verleihen und uns zu Siegern machen willst.

17. Mai

Es geschieht leicht, daß ein Mensch nur von außen gesehen und beurteilt wird. Wir müssen aber bedenken, daß Gott das Innere sieht. Und das sollten wir auch versuchen. Oft hat jemand, dem man es am wenigsten ansieht, innerlich eine starke Sehnsucht danach, mehr von unserem Herrn zu erfahren.

> »Erforsche mich, Gott, und erkenne mein Herz; prüfe mich und erkenne, wie ich's meine. Und sieh, ob ich auf bösem Wege bin, und leite mich auf ewigem Wege.« Ps 139,23.24

Vater, vergib mir, daß ich so oft andere nach ihrem Äußeren beurteilt habe. Gib mir mehr von deiner Liebe, daß ich sie sehen kann, wie du sie siehst.

18. Mai

Unsere Kritiker sind die unbezahlten Wächter unserer Seele. Wenn das, was sie sagen, wahr ist, dann zieh daraus die Konsequenzen. Wenn es nicht stimmt, schieb es einfach beiseite, und laß dich nicht davon beeinflussen.

> »So zieht nun an als die Auserwählten Gottes ... Erbarmen, Freundlichkeit ... Geduld ... und ertrage einer den anderen und vergebt euch untereinander, wenn jemand Klage hat gegen den anderen ...« Kol 3,13

Danke, Herr, für diejenigen, die mich in Liebe zurechtweisen. Gib, daß mich das dir näher bringt.

19. Mai

Wir brauchen alle den Heiligen Geist, damit er unsere Herzen weit macht, so daß sie mehr von der »unaussprechlichen Freude und der Herrlichkeit Gottes« fassen können – so daß Gottes reiche Liebe in uns wohnt.

»...sie sollen ... ewige Freude haben...«
Jes 61,7

Unser Vater, wir bitten darum, daß dein Heiliger Geist in uns wirkt, so daß unsere Herzen voll sind von deiner reichen Freude. Wir freuen uns über deine Liebe und können dir nie genug dafür danken. Hilf uns, sie an andere weiterzugeben.

20. Mai

Sorgen entspringen unfruchtbaren Gedanken, die sich um einen Kern von Angst drehen. Doch Gott möchte nicht, daß seine Kinder in der Furcht steckenbleiben. Und der beste Weg, die Angst zu überwinden, ergibt sich aus der Beschäftigung mit dem Wort Gottes.

»Euer Herz erschrecke nicht...« Joh 14,1

»Gott ist mein Heil...
...ich bin sicher und fürchte mich nicht...«
Jes 12,2

Ja, Herr, ich will vertrauen. Danke, daß du mir sagst, daß ich mich nicht zu sorgen brauche.

21. Mai

Es gibt Zeiten, wo wir uns um alles und jedes Sorgen machen, sogar um unsere Erlösung. Diese Tendenz kommt vom Teufel, der versucht, uns von Gott wegzuziehen. Sobald wir jedoch auf das Kreuz schauen, sehen wir wieder, um was es geht: »Nicht ich, sondern Christus«. Gott sieht uns in Christus an. Er war in der Lage, dem Gesetz zu genügen, und er tat es, als er am Kreuz starb. Unsere Rettung ist allein sein Werk. Darum brauchen wir keine Zweifel hochkommen zu lassen.

»...Gott hat uns ... bestimmt ... das Heil zu erlangen durch unseren Herrn Jesus Christus, der für uns gestorben ist, damit ... wir zugleich mit ihm leben.« 1. Thess 5,9.10

Wir danken dir, Herr, daß du für einen jeden von uns starbst, damit wir leben sollten. Danke, daß das in alle Ewigkeit wahr ist.

22. Mai

Wir können die Frucht des Geistes empfangen. *Ein* Zeichen dieser Frucht ist Friede, und wir dürfen wissen, daß er alle, die ihm vertrauen, in vollkommenem Frieden bewahren will.
Jemand hat gesagt, daß es in Amerika Millionen von depressiven Menschen gibt. Sind das alles Menschen ohne Glauben oder sind auch Christen unter ihnen? Wenn das Letztere der Fall ist, bedeutet das, daß sie die Abwehrmaßnahmen nicht kennen, die ihnen zu Gebote stehen könnten.*
Du kannst für die vielen depressiven Christen folgendermaßen beten: »Herr, öffne ihnen bitte die Augen, daß sie erkennen, daß ihr ›Morgen‹ in deinen Händen liegt.« Es ist der Heilige Geist, der uns die rechte Sicht schenkt.

> »Denn Gott hat uns nicht gegeben den Geist der Furcht, sondern der Kraft und der Liebe und der Besonnenheit.« 2. Tim 1,7

Herr, wie schön, daß es für jeden in seiner Situation eine Antwort gibt. Du, Herr Jesus, bist selbst die Antwort.

* Zu endogenen Depressionen ist noch anderes zu sagen. (d. Übers.)

23. Mai

Du hast einen Anwalt bei dem Vater – Jesus. Er nimmt deine Verlorenheit und deine Schuld auf seine eigenen Schultern und reinigt dich mit seinem Blut. Als er am Kreuz starb, identifizierte er sich mit uns und dem Tod, den wir verdient hatten. Und nun müssen wir, du und ich, uns mit seinem Leben identifizieren.
Wenn du deine Sünde bekennst in dem Augenblick, wo sie dir bewußt wird, kannst du sagen:

> »Denn er hat den, der von keiner Sünde wußte, für uns zur Sünde gemacht, damit wir in ihm die Gerechtigkeit würden, die vor Gott gilt.«
> 2. Kor 5,21

Vater, mach uns immer mehr klar, was es bedeutet, daß dein Sohn Jesus Christus zur Sünde gemacht wurde – für uns.

24. Mai

Es ist der Ventilator der Klimaanlage, der bewirkt, daß die kühle Luft im ganzen Haus verteilt wird. In gleicher Weise durchdringt der Heilige Geist unser ganzes Wesen und schenkt damit Licht und Leben und Wachstum.

> »Wenn nun der Geist dessen, der Jesus von den Toten auferweckt hat, in euch wohnt, so wird

er, der Christus von den Toten auferweckt hat, auch eure sterblichen Leiber lebendig machen durch seinen Geist, der in euch wohnt.«
Röm 8,11

Ja, Herr, ja. Durch deinen Heiligen Geist komm heute in mein Leben.

25. Mai

Wir brauchen Weisheit und Erkenntnis. Weisheit verleiht Erkenntnis. Wir können Gott Freude machen, indem wir echte, christliche Frucht bringen. Erkenntnis ohne Weisheit macht stolz.

»... wir ... lassen ... nicht ab, für euch zu bitten ... daß ihr des Herrn würdig lebt, ihm in allen Stücken gefallt und Frucht bringt in jedem guten Werk und wachst in der Erkenntnis Gottes ...«
Kol 1,9.10

Herr, wir möchten ein solches Leben führen. Danke, daß du uns die Führung durch deinen Geist zugesagt hast.

26. Mai

Wenn dich Depressionen überfallen, ist es wichtig, den Grund herauszufinden. Das ist der erste Schritt, um von der Dunkelheit frei zu werden, die nach dir greift. Gott will seinen Kindern klare Antworten geben, wenn sie bereit sind, im Gehorsam auf ihn zu hören. Schon das Entdecken der Ursache für die Finsternis ist an sich ein Stück Befreiung. Die Dunkelheit muß nicht immer über uns bleiben!«*

> »Das Volk, das im Finstern wandelt, sieht ein großes Licht, und über denen, die da wohnen im finstern Lande, scheint es hell...«
>
> Jes 9,1

Danke, Vater, daß dein Licht in unsere Dunkelheit hineinscheint, und daß es immer stärker ist als diese.

27. Mai

Im Hinblick auf Heiligung gibt es weder eine Abkürzung des Weges noch eine Umleitung.

> »Jagt ... nach ... der Heiligung, ohne die niemand den Herrn sehen wird, und seht darauf, daß nicht jemand Gottes Gnade versäume ...«
>
> Hebr 12,14.15

Herr, laß mich mehr darauf bedacht sein, die Heiligung zu erlangen, damit ich dich einst sehen werde. Und laß mich aufmerksam sein bei allem, was ich tue und sage und denke. Danke, daß du das kannst.

* (s. 22. Mai)

28. Mai

Es ist ein Unterschied zwischen Intelligenz und Weisheit. Intelligenz ist eine irdische Angelegenheit, Weisheit ist eine Gabe Gottes. Unsere Sinne informieren uns über die Welt um uns her. Je geschickter ein Mensch umgeht mit dem, was seine Sinne ihm vermitteln, desto klüger ist er. Weisheit ist die Gabe, in einer bestimmten Situation Gottes Gegenwart zu erkennen und entsprechend zu handeln.
Dem intelligenten Menschen erscheint Weisheit oft unzweckmäßig und dumm, weil sie anders denkt und handelt, als es die Vernunft erfordert. Intelligenz ermöglicht äußeres Glück und Wohlstand – Weisheit verleiht inneren Frieden. Intelligenz beschäftigt sich mit dieser Welt, Weisheit sowohl mit der gegenwärtigen als auch mit der zukünftigen Welt. Darum dürfen und können wir um Weisheit beten.

> »Denn der Weisheit Anfang ist: Erwirb Weisheit, und erwirb Einsicht ...
> Verlaß dich auf den Herrn von ganzem Herzen, und verlaß dich nicht auf deinen Verstand ...«
>
> Spr 4,7; 3,5

Herr, gib uns Weisheit. Wir brauchen sie so sehr. Und wir möchten auch auf die zukünftige Welt vorbereitet sein – die Welt der Ewigkeit. Sprich du zu uns und lehre uns!

29. Mai

Unsere Arbeit – selbst unser Dienst für Gott – kann zwischen uns und Christus geraten, wenn uns nicht bewußt bleibt, daß wir nur »Reben« sind. Absolute Abhängigkeit ist das Wesensmerkmal für Stellung und Glauben der Engel. Das sollte auch für uns gelten. Gott ist willig, in uns alles Notwendige zu tun.

> »Das ist Gottes Werk, daß ihr an den glaubt, den er gesandt hat ...« Joh 6,29

Herr, ich glaube an dich. Hilf mir, noch viel radikaler von dir abhängig zu sein. Danke, daß du dich dann selbst verherrlichen willst.

30. Mai

Was Gott mich im Konzentrationslager lehrte, will er auch dich lehren. Was das war? Ich begriff, wie nutzlos die Dinge dieser Welt sind, und ich lernte es, auch die Welt in uns zu überwinden. Ich begegnete der Quelle der Kraft. Und diese Quelle findet sich nicht in uns, sondern in Gott.

> »... Denn bei dir ist die Quelle des Lebens ...«
> Ps 36,10

Herr, zeige jedem von uns, wie wenig Bedeutung die Dinge dieser Welt in Wirklichkeit haben. Hilf uns, statt dessen nach all dem Ausschau zu halten, was in deinem Reich Gültigkeit hat.

31. Mai

Wir können heute schon darum beten, daß Gott uns die Angst nimmt, wenn der Augenblick des Todes an uns herantritt. Dieses Gebet beantwortet Gott immer. Christen, die so gebetet haben, erleben ein friedliches Eintreten in die herrliche Welt Gottes, wenn sie sterben. Gott ist nicht schwach, sondern stark. Und Gottes Macht steht dir durch den Glauben zur Verfügung.

> »Aber ohne Glauben ist's unmöglich, Gott zu gefallen; denn wer zu Gott kommen will, der muß glauben, daß er ist und daß er denen, die ihn suchen, ihren Lohn gibt.« Hebr 11,6

Herr, gib mir heute und morgen deinen Frieden und auch dann, wenn der Augenblick des Sterbens gekommen ist.

Juni

1. Juni

Leid und Verletzungen, die andere uns antun und beibringen, können so tief treffen und die Wunden so schmerzhaft sein, daß es menschlich gesprochen unmöglich ist zu vergeben. Doch Jesus schenkte uns die Liebe Gottes, und diese Liebe reicht immer aus, auch dem Schlimmsten gegenüber. Nehme ich, nimmst du diese Liebe wirklich von ihm an?

> »...denn die Liebe Gottes ist ausgegossen in unsere Herzen durch den Heiligen Geist, der uns gegeben ist.« Röm 5,5

Vater, willst du mir bitte zeigen, ob ich wirklich bereit bin, mir diese deine Liebe alle Zeit schenken zu lassen, wenn meine eigenen Gefühle mich in die Lieblosigkeit drängen wollen? Mach mich willig, dieser Liebe mein Herz zu öffnen.

2. Juni

»Wir können einander gar nicht zu viel Liebe entgegenbringen. Es ist überhaupt nicht möglich, jemals zu viel zu lieben. Wir können den Zugang zu dieser Liebe selbst gar nicht finden, noch viel weniger sie weitergeben, also können wir auch nie zuviel lieben. Sorgt nur dafür, wenn Gott uns Liebe schenkt, daß sie selbstlos, stark, mutig und treu ist. Es gibt immer Gelegenheiten, daß einer dem anderen von Gott her Mut und Kraft vermittelt. Laßt uns unsere Chance nicht verpassen.« Amy Carmichael

»Das ist mein Gebot, daß ihr euch untereinander liebt, wie ich euch liebe.« Joh 15,12

Herr, du kannst uns diese Liebe schenken. Bitte, tue es heute.

3. Juni

Die Quelle der Liebe liegt nicht in uns selbst. Wenn Jesus uns sagt, daß wir unsere Feinde lieben sollen, will er selbst uns diese Liebe zur Verfügung stellen. Wir sind aber weder Quelle noch Staubecken dieser Liebe – nur Kanäle. Wenn wir das verstanden haben, sind alle Entschuldigungen für unseren Mangel an Liebe hinfällig.

»... habt euch untereinander beständig lieb aus reinem Herzen.« 1. Petr 1,22

Liebe du durch mich, Herr!

4. Juni

Die Kraft der Liebe wird am Opfer sichtbar. Wer am meisten leidet, hat am meisten zu geben.

Die Liebe Gottes ist nichts Natürliches. Sie wächst nicht im Garten unseres menschlichen Lebens. Für den Christen ist das Thema seines Lebens nicht der Mensch, sondern Gott. Doch die Menschen werden von Gott als seine Werkzeuge gebraucht.

> »...wer an mich glaubt, der wird die Werke auch tun, die ich tue, und er wird noch größere als diese tun; denn ich gehe zum Vater.«
>
> Joh 14,12

Herr, mach mich zu einem Werkzeug, das du brauchen kannst.

5. Juni

Liebe ist stark wie der Tod. Liebe ist die einzige Lösungsmöglichkeit für die Probleme der Welt. Die größte Demonstration der Liebe Gottes zu uns war die Sendung seines einzigen Sohnes in diese Welt. Er sollte für unsere Sünden sterben, damit wir das ewige Leben empfingen. Wir können den Namen Jesu gar nicht für uns in Anspruch nehmen, wenn wir nicht von der Liebe her leben. Verlassen wir den Boden der Liebe, dann ist die Bibel für uns ein verschlossenes Buch, und unsere Gemeinschaft mit dem Vater ist zerstört. Das Wesen unseres himmlischen Vaters ist Liebe.

> »Wie mich mein Vater liebt, so liebe ich euch auch. Bleibt in meiner Liebe! Wenn ihr meine

Gebote haltet, so bleibt ihr in meiner Liebe, wie ich meines Vaters Gebote halte und bleibe in seiner Liebe. Das sage ich euch, damit meine Freude in euch bleibe und eure Freude vollkommen werde.« Joh 15,9-11

Herr, du weißt, wie oft wir diese deine Liebe vermissen lassen, obwohl du zu uns sagst, daß das nicht sein müßte. Mache uns willig, deine Gebote zu halten und in deiner Liebe zu leben.

6. Juni

»Kommt alle zu mir«, sagt Jesus. Das bedeutet, daß jeder Atheist, jeder Terrorist kommen darf, jeder Kriminelle aus jedem Gefängnis. Aber woher sollen sie das wissen, wenn es ihnen keiner sagt?
Gibst du diese Nachricht weiter? Betest du für die Menschen, die diesen Leuten nachgehen und ihnen helfen? Frage den Herrn, wo er dich brauchen möchte.

»...Wie sollen sie aber an den glauben, von dem sie nichts gehört haben?...« Röm 10,14

Danke, Herr, daß ich mit dir zusammen Licht der Welt sein kann. Wir beide werden den Kampf gegen die Dunkelheit gewinnen.

7. Juni

Wie können wir geistlich wachsen? Viele denken, daß wir durch Erfahrung wachsen und weiterkommen. Und das ist auch wahr. Aber noch mehr Wahrheit liegt in der Antwort: durch das Wort Gottes. Und wir wollen nicht vergessen, daß es Gottes Geist ist, der das Wort in uns lebendig macht.

> »Der Geist ist's, der lebendig macht ... Die Worte, die ich zu euch geredet habe, die sind Geist und sind Leben.« Joh 6,63

Herr, wenn ich an die letzten Monate denke, muß ich bekennen, daß da nicht viel von Wachstum zu sehen ist. Erfülle mich mit deinem Heiligen Geist, daß dein Wort für mich immer mehr lebendig wird, und daß ich meine Erfahrungen als dein Training für mich ansehe.

8. Juni

An einer Universität führte ich eine Reihe von Gesprächen. Einer der Studenten wußte, daß er eine Entscheidung zu treffen hatte. Nach der Veranstaltung kletterte er auf die Spitze eines hohen Berges und rief laut aus: »Mein Herr Jesus Christus!« Nachdem er das dreimal hintereinander getan hatte, zeigte ihm der Herr einige ganz praktische Dinge, die er zu tun hatte. Dabei ging es z. B. um das Verbrennen eines Buches von einem Sektenführer. Außerdem mußte er

sich von einem bestimmten Bild trennen. Er gab mir das Bild, nachdem er folgendes darauf geschrieben und mit seinem Namen unterzeichnet hatte: »Im Himmel hat ein großes Fest stattgefunden.« Ich hatte in meiner Ansprache gesagt, daß die Engel im Himmel sich freuten, wenn ein Sünder aus seinen Bindungen frei würde.
Es stimmt zwar, daß wir nicht unbedingt einen hohen Berg ersteigen müssen, um Jesus Christus als unseren Erlöser anzunehmen, aber jeder Mensch hat doch eine Entscheidung für ihn zu vollziehen, wenn er ein Kind Gottes werden möchte. Hast du diese Wahl schon getroffen? Hast du auch den nächsten Schritt getan und dein Herz für die Fülle des Heiligen Geistes geöffnet? Jesus hat uns den Tröster gesandt, und dieser ist bereit, uns bis zum äußersten zu durchdringen und zu erfüllen. Halte dein Herz rein, indem du Jesus deine Sünden immer wieder bekennst, und er wird dich mit seinem Blut reinigen. Dann wir auch die Frucht des Geistes in deinem Leben zu finden sein. Und der Herr wird dich zu einem brauchbaren Kanal für die Ströme lebendigen Wassers machen, die von ihm ausgehen.

> »... wer aber von dem Wasser trinken wird, das ich ihm gebe, den wird in Ewigkeit nicht dürsten, sondern das Wasser, das ich ihm geben werde, das wird in ihm eine Quelle des Wassers werden, das in das ewige Leben quillt.« Joh 4,14

O Herr, willst du den Engeln Freude schenken, in dem du mich, einen Sünder, errettest?

9. Juni

Ich möchte dich gerne eine wichtige Lektion lehren. Es gab eine Zeit, in der man mir die Bibel wegnahm. Weißt du, was man mir nicht nehmen konnte? All die Schriftstellen, die ich auswendig wußte. Warum beginnst du nicht heute damit, dir Worte der heiligen Schrift einzuprägen und einen Vorrat zu sammeln für schwierige Zeiten? Hier zitiere ich einige, die für mich besonders hilfreich waren:

> »... Denn ich bin überzeugt, daß dieser Zeit Leiden nicht ins Gewicht fallen gegenüber der Herrlichkeit, die an uns offenbart werden soll.«
> Röm 8,18

> »... wir lassen nicht ab ... für euch zu beten ... daß ihr gestärkt werdet mit aller Kraft durch seine herrliche Macht zu aller Geduld und Langmut ...« Kol 1,9-11

Vater, wie groß bist du, daß du uns mit deiner herrlichen Macht stärken willst, daß du uns fähig machen willst, das Leben zu bewältigen, so daß es deinem heiligen Namen zur Ehre gereicht.

10. Juni

Wenn du diesen Text liest, ist eine Entscheidung fällig: vielleicht zum erstenmal, vielleicht auch zum wiederholten Mal. Wird es ein »Ja« sein oder ein »Ja, aber ...«?

»Denn der Sünde Sold ist der Tod; die Gabe Gottes aber ist das ewige Leben in Christus Jesus, unserem Herrn.« Röm 6,23

Danke, Herr, daß ich wählen darf.
Danke, Herr, daß ich mich an dich hängen kann.
Danke, Herr, für das Wissen: Es ist wahr, was du sagst.

11. Juni

Was ist mit diesem Buch, der Bibel, los? In seinen 66 verschiedenen, und doch im Kern einheitlichen, Schriften beansprucht dieses Buch für sich, von Gott eingegeben zu sein. Es wird von vielen als das Wort Gottes akzeptiert: inspiriert, aber für den Menschen verständlich; bekämpft, aber unzerstörbar. Es bietet dem Glaubenden geistliches Leben an, dem Verzweifelten Hoffnung, und Wegweisung allen, die darauf vertrauen.

»Denn alle Schrift, von Gott eingegeben, ist nütze zur Lehre, zur Zurechtweisung, zur Besserung, zur Erziehung in der Gerechtigkeit.«
2. Tim 3,16

Heiliger Geist, lehre mich, die Bibel zu lesen. Wenn du mir Augen und Herz dafür öffnest, macht sie mich so reich.

12. Juni

Laßt uns aufhören, die großartigen Verheißungen des göttlichen Wortes zu verkleinern. Laßt diese Verheißungen statt dessen die Grenzen unserer ärmlichen Erfahrungen sprengen, und laßt uns aufsehen auf Jesus, der sich danach sehnt und bereit ist, unsere Erfahrungen in Übereinstimmung mit Gottes Verheißungen zu bringen.

> »...Warum hörst du auf das Geschwätz der Menschen...?« 1. Sam 24,10

> »...und er gebe euch erleuchtete Augen des Herzens, damit ihr erkennt...« Eph 1,18

Mit unserem kleinen menschlichen Verstand sind wir niemals in der Lage, die ungeheuren Reichtümer der Ewigkeit zu erfassen, Vater. Doch du hast uns das Licht deines Geistes versprochen. Wir bitten dich heute, ihn uns in einem noch reicheren Maß zu geben.

13. Juni

Vor kurzem sandte mir ein dreizehnjähriges Mädchen ein kleines Transparent, auf das sie sehr sorgfältig zwei Verse aus Psalm 119 aufgemalt hatte. Diese Verse waren als Ermutigung während der lang andauernden Rekonvaleszenzzeit meiner Krankheit gedacht.

Es waren folgende Worte:

> »Dein Wort ist meines Fußes Leuchte und ein Licht auf meinem Wege ... Du bist mein Schutz und mein Schild; ich hoffe auf dein Wort...« Ps 119,105.114

Vater, welcher Trost begegnet uns immer wieder auf's neue, wenn dein Wort tatsächlich unseren Weg hell macht – da, wo wir ihn nicht mehr klar erkennen können. Hilf uns, deinem Wort jeder Zeit zu vertrauen. Danke, daß du unsere Zuflucht und unser Schutz bist.

14. Juni

Die Bibel ist kein Buch wie andere Bücher. Sie ist das Wort Gottes, das Schwert des Geistes. Wir müssen ihr mit Achtung begegnen. Wenn wir sie unter der Führung des Geistes Gottes lesen und lehren, ist sie ein scharfes Schwert.

> »Denn das Wort Gottes ist lebendig und kräftig und schärfer als jedes zweischneidige Schwert, und dringt durch, bis es schneidet Seele und Geist, auch Mark und Bein, und ist ein Richter der Gedanken und Sinne des Herzens.«
>
> Hebr 4,12

Unser himmlischer Vater, du gabst uns dein Wort, damit es unsere Speise sei, damit es uns stärkt, und damit wir es nutzen, um anderen den Weg zu dir zu zeigen. Wir danken dir für das alles. Aber wir bitten dich auch, daß du uns willig machst, uns unsere eigenen Gedanken und Motive zeigen zu lassen und dann zu tun, was du uns tun heißt.

15. Juni

Der kritische Punkt für unser Bibellesen ist dann gekommen, wenn wir die Entscheidung darüber treffen, ob wir die Wahrheit, die dort offenbart wird, akzeptieren wollen oder nicht. Das Alte Testament ist voll von Erwartung im Hinblick auf das, was Gott tun will. Das Neue Testament schaut zurück auf die Dinge, die Gott getan hat. Doch sowohl das Alte als auch das Neue Testament finden ihre Erfüllung in dem Herrn Jesus Christus, der derselbe ist, gestern, heute und in Ewigkeit.

> »Nachdem Gott vorzeiten vielfach und auf vielerlei Weise geredet hat zu den Vätern durch die Propheten, hat er in diesen letzten Tagen zu uns geredet durch den Sohn...« Hebr 1,1.2

Danke, Vater, daß du uns dein Wort gegeben hast. Danke für alles, was wir daraus erfahren von dem, was du getan hast. Öffne uns Herz und Sinn dafür, daß wir es verstehen.

16. Juni

Die Kraft des Evangeliums wird mit der primitivsten Form des Heidentums fertig und ebenso mit dem schlimmsten Aberglauben. Oh, welche Kraft liegt in der einfachen Predigt der christlichen Botschaft!

> »Zwar hat Gott über die Zeit der Unwissenheit hinweggesehen; nun aber gebietet er den Menschen, daß alle an allen Enden Buße tun.«
>
> Apg 17,30

Himmlischer Vater, wir danken dir, daß die Botschaft des Evangeliums so einfach ist. Mache uns deinem Befehl gehorsam, daß wir Buße tun. Hilf uns immer wieder, mit jeder Sünde sofort zu dir zu kommen, so daß sie nicht erst Wurzeln schlagen kann.

17. Juni

Wissen hat keinen Wert, solange du nicht erkennst, wie man es anwenden kann. Laß den Heiligen Geist dich lehren beim Studium und beim Lesen der Bibel.

> »...Deine Ohren werden hinter dir das Wort hören: Dies ist der Weg; den geht!...«
>
> Jes 30,21

Ich will hören, in der Bereitschaft zu gehorchen, Herr. Ich will in deiner Kraft deinen Willen tun.

18. Juni

»Danke, Gott auch für die Bibelstellen, die vom Kampf sprechen. Jeden Tag unseres Lebens gehen wir ins Ungewisse hinein. Und da geraten wir ganz sicher immer wieder auf ein Schlachtfeld, äußerlich und offensichtlich, oder innerlich in jenem unsichtbaren Leben des Geistes, welches oft den bei weitem härtesten Kampf für unsere Seelen mit sich bringt ...«

Amy Carmichael

> »Der Herr, euer Gott, zieht vor euch hin und wird für euch streiten...« 5. Mose 1,30

Vater, wir haben so oft erlebt, daß du für uns kämpfst, daß die Schlacht die deine ist. Hilf uns, in deiner Kraft diesen Tag durchzustehen und auf das zu merken, was du heute tun willst.

19. Juni

Fürchtest du dich vor der Endzeit, wenn solche Dinge kommen werden, von denen Jesus sagt, daß sie vor seiner Wiederkunft geschehen sollen? Du kannst ihm vertrauen, daß er dir alles zur Verfügung stellen wird, was du zu der Zeit brauchst. Er will dich stärken und er ist der Eine, dem alle Kraft im Himmel und auf Erden gegeben worden ist. Jesus sagt:

> »So seid allezeit wach und betet, daß ihr stark werdet, zu entfliehen diesem allen, was gesche-

> hen soll, und zu stehen vor dem Menschensohn.« Lk 21,36

Danke, Herr, daß du immer bei uns sein willst bis ans Ende der Welt. Du willst uns niemals verlassen noch versäumen. Danke für diese Gewißheit.

20. Juni

Die besondere Aufgabe der Kinder Gottes in dieser Zeit ist es, daß sie sich stark erweisen in Zeiten der Unterdrückung. Ist das möglich, daß schwache Menschen dazu in der Lage sind? Ja. Jeder kann das. Ich meine das so, wie ich es sage: Der Herr hat uns all das für die Endzeit in Aussicht gestellt.

> »... ihr werdet die Kraft des Heiligen Geistes empfangen, der auf euch kommen wird, und werdet meine Zeugen sein ...« Apg 1,8

Vater, welcher Friede liegt in dem Wissen, daß der Heilige Geist uns zubereiten will, und daß du, bis der Tag Jesu Christi kommt, das Werk vollenden willst, das du in uns angefangen hast.

21. Juni

Die Endzeit hat schon begonnen. Wer auf die Zeichen der Zeit achtet, hat keinen Zweifel daran. Wenn wir die Ereignisse im Mittleren Osten, in Israel und in den Arabischen Staaten sehen, können wir nicht anders, als erwartungsvoll auf das Kommen unseres Herrn schauen. Jeder Tag, jede Stunde bringt uns seinem Kommen näher. Wir sehen heute viel mehr »Zeichen der Zeit« als je zuvor. Es ist die Anweisung unseres Herrn, daß wir darauf achten sollen. Er sagt:

> »Ihr Heuchler! Über das Aussehen der Erde und des Himmels könnt ihr urteilen; warum aber könnt ihr über diese Zeit nicht urteilen?«
> Lk 12,56

> »Darum wachet! Denn ihr wißt weder Tag noch Stunde (wann der Menschensohn kommt) ...«
> Mt 25,13

Herr, willst du uns bitte die Augen öffnen, damit wir die Zeichen der Zeit erkennen?! Und, Herr, halte du uns wach.

22. Juni

Häufig begegne ich Menschen, die mir sagen: »Ich kann nicht fröhlichen Herzens auf die Zukunft des Herrn warten, weil es noch so viele unbekehrte Menschen gibt.« Wir können feststellen, daß die Dinge auf Erden sich zunehmend schlimmer gestalten. Die Ungerechtigkeit und Unreinheit nimmt zu. Jeden Tag gibt es mehr Verlorene als am Tag vorher. Unglaube und Gesetzlosigkeit wachsen auf der ganzen Welt, nicht nur außerhalb der Kirche, sondern auch in ihr.

Für die Christen wird die Wiederkunft Jesu das Ende allen Kampfes bedeuten, weil dann unsere Heiligung vollendet sein wird.

»... damit ihr auch zur Zeit der Offenbarung seiner Herrlichkeit Freude und Wonne haben mögt.« 1. Petr 4,13

Herr, zeige mir heute, wo du mich brauchen kannst, um einen Menschen für die Ewigkeit zu retten.

23. Juni

Es gibt sehr viele unreife Christen. Wie oft höre ich nach einem Gottesdienst: »Ich will mein Bestes tun, um ein guter Christ zu werden.« Dann versuche ich, klarzustellen, daß es ein Geschenk ist, wenn man ein Kind Gottes wird, daß es zu allererst etwas damit zu tun hat, anzunehmen, was Gott in Christus gegeben hat. Welch ein Vorrecht ist es, daß ich von einer anderen Grundlage sprechen kann, als unsere Gefühle sie uns vermitteln: »Es ist wahr, weil die Bibel es so sagt.«

»Da fragten sie ihn: Was sollen wir tun, daß wir Gottes Werke wirken? Jesus antwortete und sprach zu ihnen: Das ist Gottes Werk, daß ihr an den glaubt, den er gesandt hat.«
Joh 6,28.29

Vater, ich danke dir, daß es so einfach ist, daß du nur

willst, daß wir an deinen Sohn Jesus Christus glauben. Hilf uns, daß wir nicht ablassen, auf ihn zu schauen, so daß er uns den Weg zeigen kann.

24. Juni

Einst versuchte ich, einem Pastor zu helfen, der sich in großer Not befand. Er sagte (im Hinblick auf seinen Status als Christ): »Ich empfinde ... Ich hoffe ... Ich werde mich bemühen, mein Bestes zu tun.« Ich fragte ihn, ob er nicht lieber sagen wollte: »Es ist wahr, weil die Bibel es sagt. Ich habe Jesus angenommen, und er gab mir Macht, ein Kind Gottes zu werden.«
Seine Antwort lautete: »Wenn ich doch nur frei werden könnte von dem, was mir auf einer liberalen Universität eingetrichtert wurde. Wenn ich doch nur die Bibel so sehen könnte, wie Sie es tun.« Ich sagte ihm, daß wir zum Herrn gehen und mit ihm über unsere Schwierigkeiten sprechen und ihn bitten könnten, unsere Augen zu öffnen. Er würde das dann tun.

> »Wenn es aber jemandem unter euch an Weisheit mangelt, so bitte er Gott, der jedermann gern gibt ... so wird sie ihm gegeben werden.«
> Jak 1,5

Himmlischer Vater, danke für diese Verheißung, die wir in deinem Wort finden. Danke, daß du das alles halten wirst, was du versprochen hast.

25. Juni

Die Zukunft zu kennen und die Gegenwart mit wachen Augen zu sehen muß nicht bedeuten, daß wir den Mut verlieren, weil uns nämlich der Herr viele tröstende Worte im Hinblick auf die Zukunft gesagt hat.

> »So auch ihr: Wenn ihr seht, daß dies alles geschieht, so wißt, daß das Reich Gottes nahe ist ... wenn aber dieses anfängt zu geschehen, dann seht auf und erhebt eure Häupter, weil sich eure Erlösung naht ... Und kein Haar von eurem Haupt soll verloren gehen.«
>
> Lk 21,31.28.18

Vater, wir danken dir für all deinen Trost, den du uns in deinem Wort gibst. Wir möchten dich ehren, indem wir dir vertrauen und uns über dich freuen.

26. Juni

In den Tagen, bevor Jesus wiederkommt, wird einerseits ein stärkerer Widerstand gegen das Evangelium in Erscheinung treten und andererseits eine intensive Reinigung der Kirche. Es wir heißen: entweder – oder. Alle Dinge werden einem Höhepunkt entgegentreiben. Der Atheismus wird immer mehr und mehr an Boden gewinnen und aggressiver werden. Aber auch die Herrschaft Gottes wird sich intensiver auswirken. Es geht um Christus oder Anti-Christus; keiner kann zwei Herren dienen.

> »...die Zeit ist nahe! Wer Böses tut, der tue weiterhin Böses, und wer unrein ist, der sei weiterhin unrein; aber wer gerecht ist, der übe weiterhin Gerechtigkeit, und wer heilig ist, der sei weiterhin heilig.« Offb 10.11

Herr, öffne mir durch deinen heiligen Geist die Augen dafür, was es heißt, heute zu leben und ein Christ zu sein, der weiß, daß Jesus bald wiederkommt.

27. Juni

Wenn wir achtgeben auf das, was in der Welt vorgeht, auf Dinge, die wir als Zeichen der baldigen Wiederkunft Jesu erkennen, dann will uns gleichzeitig Furcht beschleichen im Gedanken an das, was die Bibel über die antichristliche Zeit sagt. Schreckliche Dinge sollen dann geschehen. Außerdem kommt damit auch der Augenblick heran, wo wir vor dem gerechten Gott erscheinen müssen. Um auf all diese Ereignisse vorbereitet zu sein, sind die vielen Verheißungen der Bibel unentbehrlich für uns.

> »Himmel und Erde werden vergehen; aber meine Worte werden nicht vergehen.«
> Lk 21,33

Herr Jesus, wir danken dir, daß alle Verheißungen der Bibel in dir ihre Erfüllung finden, und daß wir dir zu allen Zeiten vertrauen können, weil wir wissen, daß der Tag der Erlösung kommen wird.

28. Juni

Wenn ich nicht Christ wäre, könnte ich mich dem Pessimismus nicht verschließen. Weil der Mensch sich selbst an den Satan und seinen Dienst ausgeliefert hat, liegt die ganze Welt im Argen. Wie können wir aus diesem Chaos wieder herauskommen? Es bleibt uns nichts anderes übrig, als zu Gottes ursprünglichem Plan zurückzukehren. *Wir* können an dem Chaos nichts ändern. Gott aber kann es, und er wird es auch tun! Das können wir in seinem Wort nachlesen.

> »Nachdem Gott vorzeiten vielfach und auf vielerlei Weise geredet hat zu den Vätern ... hat er in diesen letzten Tagen zu uns geredet durch den Sohn ...« Hebr 1,1.2

Vater, wir danken dir, daß du schon vom Beginn der Schöpfung an den Plan zu ihrer Wiederherstellung gefaßt hast. Danke, daß du immer und immer wieder zu uns gesprochen hast. Gib uns Ohren, daß wir hören.

29. Juni

Wenn Gott uns keine Prüfungen mehr schicken würde, die uns und andere auf ihn hinweisen sollen – würden dann alle unsere Leiden beendet sein? Nein! Wenn wir uns selbst überlassen wären, und unsere sündigen Naturen sich ungehindert auswirken könnten, gäbe es als Ergebnis nur noch mehr Unrecht und Leid. Aber so läßt Gott uns nur das erleben, was uns zum Besten dient und uns näher zu ihm bringt. Und dann ist da noch ein Trost. Wenn wir Jesus als unseren Herrn und Erlöser kennen, werden wir zu seiner Zeit in den Himmel gehen, wo wir nie wieder leiden werden.

> »...Denn ich bin überzeugt, daß dieser Zeit Leiden nicht ins Gewicht fallen gegenüber der Herrlichkeit, die an uns offenbart werden soll.«
>
> Röm 8,18

Vater, danke, daß alles, was uns begegnet, von deiner Liebe zugelassen ist. Eigentlich wissen wir das ja, und doch vergessen wir es so oft. Bitte erinnere uns immer wieder daran. Wir preisen dich für deine Liebe, die hinter allem steht.

30. Juni

Ich hörte einmal jemand sagen: »Ich glaube nicht an die Wiederkunft Jesu! So viele haben das prophezeit, und nichts ist geschehen.«

Ich antwortete ihm: »Sie selbst sind ein Zeichen dieser Zeit, denn Petrus sagt uns, daß solche Redensarten zum typischen Gesprächsstoff der letzten Tage gehören.«

> »Ihr sollt vor allem wissen, daß in den letzten Tagen Spötter kommen werden ... und sagen: Wo bleibt die Verheißung seines Kommens?«
> 2. Petr 3,3.4

Herr, mache mich durch deinen Heiligen Geist zu einem positiven Zeugen der Verheißung, und stell einen Wächter an meine Lippen, daß der Feind mich nicht dazu bringen kann, Unglauben zu verbreiten.

Juli

1. Juli

Unser tägliches Verhalten hat große Bedeutung im Hinblick auf den großen Endkampf, in den wir möglicherweise heute schon verwickelt sind.

> »Das wird euch widerfahren zu einem Zeugnis...« Lk 21,13

Herr, nimm meine schwache Hand in deine starke, so daß wir beide zusammen auf Siegesboden stehen können.

2. Juli

Wie sehr hat die Welt mit ihrer Unruhe und den Problemen dieser Zeit Christen nötig, die ohne Hemmungen frei heraus reden! Schließlich sind wir in der ganzen Welt die einzigen, die wissen, was die Zukunft bringen wird, und die die Gegenwart verstehen und beurteilen können. Und weil ein solches Wissen deprimieren könnte, tröstet uns der Herr im Hinblick auf diese Tage!

> »...um der Auserwählten willen werden diese Tage verkürzt...« Mt 24,22

Danke, Herr, daß wir wissen, daß Du keine Probleme hast, sondern nur feste, wohlerwogene Pläne. Danke, daß es im Himmel niemals eine Panik gibt.

3. Juli

Es gibt etwas, das mir hilft, wenn mich meine Sünden bedrücken:

> »Wenn der Kläger mich verklagt –
> Christus hat für mich gebeten;
> wenn er mich zu sichten wagt –
> Christus hat mich schon vertreten.
> Daß mein Bürge für mich spricht,
> das ist meine Zuversicht.«

Möchtest du es nicht einmal ausprobieren, was es für dich bedeutet, auf Jesus zu sehen?

> »... laßt uns ... aufsehen zu Jesus, dem Anfänger und Vollender des Glaubens ... Gedenkt an den, der soviel Widerspruch gegen sich von den Sündern erduldet hat, damit ihr nicht matt werdet und den Mut nicht sinken laßt.«
>
> Hebr 12,2.3

Herr Jesus, danke, daß du uns stärken willst, wenn wir auf dich sehen – wie der Vater dich gestärkt hat.

4. Juli

Gott hat uns seinen Plan mit dieser Welt wissen lassen. Es ist sein Wille, daß die Geschichte der Menschheit ihre Erfüllung in Jesus findet. Alle Dinge im Himmel und auf Erden sollen in ihm vollendet werden.
Und das Überwältigende daran ist, daß Jesus versprochen hat, alles, was ihm gehört und zusteht, mit uns zu teilen.

> »Vater, ich will, daß, wo ich bin, auch die bei mir seien, die du mir gegeben hast, damit sie meine Herrlichkeit sehen, die du mir gegeben hast...« Joh 17,24

Herr Jesus, wir können es nicht völlig begreifen und fassen, was es heißt, daß wir deine Herrlichkeit schauen sollen. Aber wir danken dir, daß wir es eines Tages verstehen werden.

5. Juli

Gott hat uns den Tag der Wiederkunft Jesu nicht exakt angegeben, damit wir jeden Tag darauf vorbereitet sind. Wir sollen unser tägliches Erleben und Handeln mit wachen Augen selbst unter Kontrolle haben.

> »Unser Bürgerrecht aber ist im Himmel; woher wir auch erwarten den Heiland, den Herrn Jesus Christus.« Phil 3,20

Herr Jesus, wir danken dir, daß du uns dem Vater schon vorgestellt hast. Danke, daß wir Bürger des Himmels und Kinder des himmlischen Vaters sind.

6. Juli

Sein Kreuz zu tragen – als Ausdruck eines Martyriums – ist in der westlichen Welt etwas nahezu Unbekanntes geworden (in der östlichen Welt sah es lange anders aus). Trotzdem kommt dem heute eine große Bedeutung zu, weil der Widerstand gegen Gott und das Kreuz ständig wächst.

> »Laßt euch von niemandem verführen, in keinerlei Weise; denn zuvor muß der Abfall kommen und der Mensch der Bosheit offenbart werden, der Sohn des Verderbens. Er ist der Widersacher, der sich erhebt über alles, was Gott oder Gottesdienst heißt...«
>
> 2. Thess 2,3.4

Herr, mach uns für die Tage bereit, in denen der Anti-Christ sich offen zeigen wird. Mach uns fähig, Widerstand zu leisten und seinen Verlockungen nicht zu verfallen.

7. Juli

Bevor Jesus wiederkommt, wird es zu einer harten Auseinandersetzung kommen. Darum ist es gut, daß wir uns in seiner Kraft auf Kampf einstellen. Jeder einzelne Christ ist aufgerufen, seinen Platz an der Front des Königs Jesus einzunehmen und sich als sein Mitstreiter einzusetzen.

> »Denn wir haben nicht mit Fleisch und Blut zu kämpfen, sondern mit Mächtigen und Gewaltigen, nämlich mit den Herren der Welt, die in dieser Finsternis herrschen, mit den bösen Geistern unter dem Himmel.« Eph 6,12

Herr Jesus, ich gehöre zu dir, und deshalb rufst du mich auch auf, meine Aufgabe in diesem Kampf zu erfüllen. Danke, daß ich weiß, daß du bereits der Sieger bist.

8. Juli

Alle Menschen auf dieser Erde rechnen mit einem neuen Krieg – und viele fürchten ihn. Dieser Krieg der Zukunft wird mit einer solchen Entfaltung der Macht Gottes und seines Eingreifens enden, daß viele der überlebenden Heiden und Juden nun ihr ganzes Vertrauen auf Jesus, den Messias setzen werden.

> »...Wir haben den Messias gefunden...«
> Joh 1,41

Vater, dein Plan für diese Erde und ihre Bewohner ist ein vollkommener. Und wir wissen, daß du ihn erfüllen wirst. Danke für all die Menschen, die deinen Sohn schon als ihren Erlöser und Herrn angenommen haben, und auch für alle, die es noch tun werden.

9. Juli

Jede Verheißung der Bibel ist »ja« und »amen« (d. h.: so soll es sein) in Jesus. Beim Lesen der Bibel habe ich eine Entdeckung gemacht. Dort steht sehr klar zu lesen, daß der Herr Jesus selbst uns für den großen Tag vorbereiten will, an dem wir ihn von Angesicht zu Angesicht sehen werden. Ich freue mich auf dieses Begegnen. Du auch?

»...Amen, ja, komm, Herr Jesus!«

Offb 22,20

Danke, Herr, daß du unsere Hände in deine nimmst, uns festhältst und an jedem Tag auf's neue stärkst bis zu dem Tag, wo wir dich sehen werden. Halleluja!

10. Juli

Solange noch Furcht in unseren Herzen lebt, werden wir nicht begreifen, was Gott uns sagt. Jakob brauchte viele Jahre, um Gott zu verstehen. Aber so lange sollten wir nicht nötig haben. Jesus hat unsere Ängste überwunden.

»...Fürchte dich nicht! Ich bin der Erste und der Letzte...« Offb 1,17

Danke, Herr, daß du von Ewigkeit zu Ewigkeit existierst. Darum brauchen wir uns niemals zu fürchten. Laß unsern Blick fest auf dich gerichtet sein!

11. Juli

Fühlst du dich heute mutlos? Oder befindest du dich vielleicht gerade in einer Phase wirklicher Not? Darf ich dir einmal sagen, was mir so oft geholfen hat?

»Wer unter dem Schirm des Höchsten sitzt und unter dem Schatten des Allmächtigen bleibt, der spricht zu dem Herrn: Meine Zuversicht und meine Burg, mein Gott, auf den ich hoffe. Er wird dich mit seinen Fittichen decken, und Zuflucht wirst du haben unter seinen Flügeln. Seine Wahrheit ist Schirm und Schild.«
Ps 91,1.2.4

Vater, sprich bitte zu all denen, die den Mut verloren haben. Vielleicht kannst du es durch diese Worte tun, vielleicht auch auf andere Weise – aber laß sie wissen, daß du immer nahe bist – einem jeden. Deine Gegenwart möge ihnen Freude schenken.

12. Juli

Bist du auf der Suche nach Glück? Ist das dein einziges Ziel? Wir beschäftigen uns in Gedanken häufig mit dem, von dem wir glauben, daß es uns glücklich machen könnte: ein Partner, Kinder, ein besonders attraktiver Job oder sogar ein Dienst für Gott. Und dabei weigern wir uns gleichzeitig, die Augen aufzumachen für den viel besseren Weg, den Gott für uns bestimmt hat. Es ist tatsächlich so: Es gibt Menschen, die so sehr davon überzeugt sind, daß nur diese eine Sache, die sie im Augenblick haben, ihnen zum Glück verhelfen kann, daß sie den Herrn Jesus selbst ablehnen. Das Glück ist nicht an die Ehe gebunden oder an den Arbeitsplatz oder an einen Dienst im Werk des Herrn oder an Kinder. Glück ist da, wo man in Jesus ruht, im Gehorsam ihm gegenüber, im Tun seines Willens. Dann haben wir Gemeinschaft mit ihm und können mit ihm über alles reden, was unsere Gedanken bewegt. Und dann werden, in dem Plan, den er für unser Leben hat, all die anderen Dinge und Ziele ihren angemessenen Platz finden.

> »Wir wissen, daß Gott die Sünden, nicht erhört; sondern den, der gottesfürchtig ist und seinen Willen tut, den erhört er.« Joh 9,31

Vater, du weißt, welcher Weg der beste ist. Ich möchte nicht für mich selbst entscheiden, wie mein Leben verlaufen soll. Welche Fehler könnten mir dabei unterlaufen! Mache mich willig, auf dich zu hören und dir zu gehorchen.

13. Juli

Der Wille Gottes ist entweder eine schwere Last, die wir tragen müssen, oder er ist eine Kraft, die uns trägt.

> »... Mir ist gegeben alle Gewalt im Himmel und auf Erden.« Mt 28,18b

Herr, ich liefere dir meinen Willen aus.

14. Juli

All unser Versagen – als einzelne Christen und als christliche Nationen – ändert nichts an der Tatsache, daß Jesus *der* Weg ist, und daß wir nur durch ihn zum lebendigen Gott kommen können.

> »... Und in keinem anderen ist das Heil, auch ist kein anderer Name unter dem Himmel den Menschen gegeben, durch den wir sollen selig werden.« Apg 4,12

Herr, stelle meine Füße auf den Boden des Sieges. Vergib mir, daß ich mir einen falschen Weg gesucht habe. Führe du mich auf dem Weg, den du für richtig hältst.

15. Juli

Wohlstand kann Oberflächlichkeit hervorrufen, und das bedeutet Gefahr. Jeden Winkel unseres Lebens unter Gottes Kontrolle gestellt haben, bedeutet Sieg. Immer wieder ist eine völlige Übergabe unseres Willens und unseres Lebens notwendig, und dann erleben wir, daß *alle* Dinge – auch der Reichtum – sich zum Besten auswirken.

> »Ich kann ... beides, Überfluß haben und Mangel leiden ...« Phil 4,12

Herr, habe ich Geld? Oder hat das Geld mich? Mache mich zum treuen Botschafter des Himmels.

16. Juli

Wenn wir die Führung unseres Herrn suchen, dürfen wir uns nicht von anderen Kräften und Mächten leiten lassen. Er will uns durch seinen Geist führen, wenn wir ihn darum bitten, uns gleichzeitig ihm unterstellen und es ablehnen, uns von unseren eigenen Wünschen bestimmen zu lassen.

> »Der Herr allein leitete ihn, und kein fremder Gott war mit ihm.« 5. Mose 32,12

Danke, Herr, daß wir dir alle Dinge überlassen können, weil du am besten weißt, was gut für uns ist. Mache uns willig, dir jeden Tag all unsere Wünsche, unsere Gedanken und unsere Pläne unterzuordnen. Dein Wille soll geschehen.

17. Juli

»Es scheint zu Gottes Plan zu gehören, daß er alles mögliche geschehen läßt, was normalerweise Furcht erweckt. Gleichzeitig kommt er aber der Angst zuvor durch die Versicherung seiner Gegenwart.«

Amy Carmichael

> »Der Herr aber, der selber vor euch hergeht, der wird mit dir sein und wird die Hand nicht abtun und dich nicht verlassen. Fürchte dich nicht und erschrick nicht!« 5. Mose 31,8

Vater, du weißt, wie sehr wir dich auch heute wieder brauchen. Danke, daß dein Wort seine Gültigkeit bisher behalten hat und weiterhin behält. Danke, daß du den ganzen Tag vor uns hergehst.

18. Juli

Weißt du, wie das ist, wenn man sich todmüde fühlt? Manchmal geht es mir so. Eines Tages sprach ich mit dem Herrn darüber. Er zeigte mir, daß es unrecht war, gereizt zu sein, daß das einfach Sünde war. Ich begann, darüber mit ihm zu diskutieren, bis mir einfiel, daß Jesus uns von Entschuldigungen nicht reinigen kann. Da bekannte ich meine Sünde und sagte dem Herrn, daß ich bereit sei, alles zu tun, von dem er wollte, daß ich es tat. Ich empfand eine tiefe Freude, als ich dann las:

> »Deshalb beuge ich meine Knie vor dem Vater, der der rechte Vater ist über alles, was da Kinder heißt im Himmel und auf Erden, daß er euch Kraft gebe nach dem Reichtum seiner Herrlichkeit, stark zu werden durch seinen Geist an dem inwendigen Menschen, daß Christus durch den Glauben in euren Herzen wohne und ihr in der Liebe eingewurzelt und gegründet seid. So könnt ihr mit allen Heiligen begreifen, welches die Breite und die Länge und die Höhe und die Tiefe ist, auch die Liebe Christi erkennen, die alle Erkenntnis übertrifft, damit ihr erfüllt werdet mit der ganzen Gottesfülle.« Eph 3,14-19

Es machte mir Mut, zu wissen und darauf vertrauen zu können, daß die unbegrenzten Quellen seiner Kraft in jedem Fall völlig ausreichen würden. Ich begann, den Herrn zu preisen und ihm zu danken. Meine Müdigkeit war verschwunden.

Und heute, lieber Herr, will ich dich auch wieder anbeten und dir danken. Du wirst mir das Maß an Kraft geben, das ich heute brauche.

19. Juli

Es gibt Zeiten, in denen wir nichts mehr haben, an das wir uns halten können außer an Gott. Dazu muß aber unsere Gemeinschaft mit ihm völlig ungestört sein. Üben wir uns darin! Praktizieren wir in unserm alltäglichen Leben die ständige Abhängigkeit von unserm himmlischen Vater.

> »Darum hoffen auf dich, die deinen Namen kennen; denn du verlässest nicht, die dich, Herr, suchen.« Ps 9,11

Vater, du weißt, daß ich auf dich vertraue. Doch manchmal scheint es so, als ob du weit weg wärst. Zeige mir doch bitte, wo ich an jemand anderem hänge oder an einer Sache, statt an dir allein. Ich weiß, daß du immer bei mir sein willst, wenn ich in deiner Nähe bleibe. Halleluja!

20. Juli

Wir wissen, daß am Kreuz von Golgatha alles vollendet wurde, was zu tun war, um uns für die Zukunft vorzubereiten. Jesus sagte damals: »Es ist vollbracht!« Und wenn wir auf dies Kreuz schauen, wissen wir, daß Jesus es ist, der uns heute ruft.

> »Ich bin gekommen, die Sünder zur Buße zu rufen und nicht die Gerechten.« Lk 5,32

Herr, wir danken dir, daß du uns rufst. Du weißt, wie schwach wir uns selbst fühlen. Du weißt auch, daß wir niemals von uns aus schuldlos und heilig werden können, wie sehr wir uns auch bemühen. Aber, oh Herr, wir danken dir, daß du alles getan hast, was nötig war, und daß wir es nur aus deinen Händen annehmen müssen.

21. Juli

Der bekannte amerikanische Indienmissionar E. Stanley Jones erzählt eine Begebenheit, die er einst erlebte: »Eines Tages beobachtete ich im Himalaya einen Adler, der einen Sturm herannahen sah. Ich überlegte, was der Adler wohl tun würde, während der Sturm die Berghänge hinabfegte und durch das enge Tal brauste. Würde er versuchen, das Wüten des Sturms zu überfliegen? Oder würde er an den tiefer gelegenen Felsen zerfetzt werden? Nichts von alledem! Der Adler stellte seine Flügel so, daß der Luftstrom ihn über den tobenden Sturm hinweg nach oben riß. Er benutzte geradezu den Sturm, um größere Höhen zu erreichen.«
Auch wir müssen es lernen, alle Widerstände in Gelegenheiten zur Befreiung umzuwandeln. Dann werden wir erkennen, wie man das Leben bewältigt. Bei dem Adler war es die Stellung der Flügel, die ihm zur Hilfe wurden. Bei uns ist es das »Ja« zu Gott.

»... wählt euch heute, wem ihr dienen wollt ...«
Jos 24,15

Ja, Herr, ich will dir dienen. Danke, daß es möglich ist, das, was uns als Hindernis erscheint, in etwas zu verwandeln, das dich ehrt.

22. Juli

Wir sitzen mit Christus auf seinem Thron, sobald wir alle unsere Kronen ausgeliefert haben und *Ihn* ganz allein Herrscher über unser Leben und unsere Besitztümer sein lassen.

> »(Gott) ... hat uns mit auferweckt und mit eingesetzt im Himmel in Christus Jesus ...«
>
> Eph 2,6

Ja, Herr, vergib meine »Ja, aber ...«.

23. Juli

Wenn wir gehorsam sind, lenkt Gott unsere Schritte und auch die Wartephasen. Hüte dich vor Abkürzungen, wenn es um Führung durch Gott geht. Es ist besser, mit ihm Umleitungen in Kauf zu nehmen, als ohne ihn scheinbar abkürzende Wege zu benutzen.

> »So sollst du nun heute wissen, daß der Herr, dein Gott, vor dir hergeht ...« 5. Mose 9,3

»Denn der Herr, dein Gott, führt dich in ein gutes Land, ein Land, darin Bäche und Brunnen und Seen sind, die an den Bergen und in den Auen fließen.« 5. Mose 8,7

Herr, vergib mir meine Abkürzungen. Nimm mein ganzes Leben in deine Hand.

24. Juli

Wenn dein Wille in eine andere Richtung zielt als der Wille Gottes, was tust du dann?

»(Jesus sagt) ... nicht mein, sondern dein Wille geschehe.« Lk 22,42

Herr, mach uns dir ähnlich, so daß wir auch von Herzen sagen können: »Vater, dein Wille soll geschehen. Du weißt es am besten, was gut ist.«

25. Juli

Wo ich auch hinkomme, finde ich Christen, die Ermutigung nötig haben. In diesen Tagen, die so voller Dunkelheit, Chaos und Hoffnungslosigkeit sind, ist es gefährlich, als ein Christ zu leben, der auf halbem Weg steckengeblieben ist. Wir tragen eine große Verantwortung, Licht der Welt zu sein.

»Ihr seid das Licht der Welt...« Mt 5,14

Herr, du weißt, daß wir in uns selbst kein Licht haben. Wir danken dir aber, daß du dein Licht durch uns scheinen läßt, so daß andere sehen können.

26. Juli

Wenn du an irgendeinem Punkt »nein« zu Gott sagst, hast du dich mit bösen Mächten zusammengetan, die sich in Auflehnung gegen Gott befinden. Auf wen hörst du – auf Gott oder den Satan? Hier gibt es nur ein »entweder – oder«.

> »Wen hast du geschmäht und gelästert? Über wen hast du die Stimme erhoben? Du hebst deine Augen empor wider den Heiligen Israels.« Jes 37,23

Vater, laß uns erkennen, was es heißt, »nein« zu dir zu sagen. So oft sind wir nicht bereit, uns dir zu unterwerfen. Vergib uns und mach uns stark in deiner Kraft.

27. Juli

Satan will uns manchmal davon überzeugen, daß eine Geldspende genügt, wo doch Gott in Wirklichkeit uns ganz haben will. Unser Leben um Jesu willen zu verlieren ist eine unausweichliche Forderung. Aber wie groß ist unser Gewinn! Wir betrügen uns selbst und sind in Wirklichkeit die Verlierer, wenn wir uns einreden wollen, daß Kirchensteuern oder Gemeindebeiträge oder besondere Spenden genügen, um Gott zufriedenzustellen. Jesus gab für dich und mich sein Leben. Sollten wir ihm dann nicht auch unser Leben zur Verfügung stellen und unsere eigenen Wünsche und Pläne hintenanstellen?

> »Wer sein Leben zu erhalten sucht, der wird es verlieren; und wer es verlieren wird, der wird es gewinnen.« Lk 17,33

Herr, nimm mein Leben und brauche es in deinem Dienst.

28. Juli

Diejenigen, die nicht willig sind, dem Herrn zu gehorchen, werden niemals verstehen, was er sagt. Nur wer das, was Gott offenbart, auch tun will, kann damit rechnen, klare Anweisungen von Gott zu erhalten.

> »... zu lernen Weisheit und Zucht und zu verstehen verständige Rede ... Die Toren verachten Weisheit und Zucht.« Spr 1,2.7

Wie wundervoll ist es, Herr, daß du bereit bist, uns zu lehren, und daß es für uns möglich ist, zu verstehen und zu gehorchen.

29. Juli

Wenn wir uns wirklich auf den Heiligen Geist verlassen, wird er uns führen. Wir unsererseits müssen nur eine Bedingung erfüllen: gehorchen.

»... der Herr hat mich geradewegs geführt ...«
1. Mose 24,27

Danke, Vater, daß du uns führen willst, wenn wir nur willig sind, dir zu gehorchen und auf deinem Weg zu bleiben.

30. Juli

Jedesmal, wenn wir unsere Hände in die Hände unseres Herrn legen und mit ihm unsere Schritte durchs Leben gehen, dürfen wir ihn bitten, uns bis zu unserem letzten Tag auf dieser Erde zu führen. Wir können nicht allein gehen – »nicht einen Schritt, wo du wirst gehen und stehen, da nimm mich mit«. Wir können ihn bitten, zu seinen Füßen ruhen zu dürfen. Ist das nicht wunderbar?
In uns selbst sind wir so arm, aber in ihm sind wir reich – in ihm, der gesagt hat, daß er uns zu Überwindern machen will. Dann brauchen wir die Zukunft nicht zu fürchten. Er will uns auf dem schmalen Weg das Geleit geben.

»Ich danke Gott ... daß ihr in allen Stücken reich gemacht seid ...« 1. Kor 1,5

Herr, wir danken dir, daß wir uns nicht zu sorgen brauchen, weil du uns führen willst, auch in diesen sehr ernsten Zeiten. Und, Herr, du willst noch mehr: Du willst uns zu deinen Zeugen machen in einer Welt voller Dunkelheit. Wir sollen deine Lichter sein. Danke, Herr.

31. Juli

Der Mensch, der Gott vertraut, aber mit Vorbehalt, ist wie eine Meereswoge, die vom Wind hin und her getrieben wird. Er kann nicht erwarten, von Gott irgend etwas zu bekommen. Das Leben eines solchen Menschen, der Gott nur teilweise vertraut, ist in jeder Hinsicht unsicher.

> »Befiehl dem Herrn deine Wege und hoffe auf ihn, er wird's wohlmachen.« Ps 37,5

Herr, wir möchten dir unser ganzes Leben weihen, auch die kleinsten Einzelheiten, damit wir nicht einer solchen Meereswoge gleichen. Hilf uns, ständig auf dich zu schauen.

August

1. August

Wir haben das Vorrecht, Gottes Mitarbeiter zu sein. Vielleicht sagst du: »Ich bin zu schwach« oder: »Ich bin zu alt, was kann ich schon tun?« Aber der *Herr* ist nicht schwach und unfähig. Er baut sein Reich ja selbst. Wir sind nur seine Mitarbeiter.
Hingabe und Gehorsam, Bereitschaft zur Arbeit, wo er es für nötig hält – das ist es, was er von uns fordert. Dann stehen wir auf dem Boden des Sieges, und der Herr will uns brauchen. Er will uns zu Kanälen für sein lebendiges Wasser machen, wo wir auch an der Arbeit sind. Halleluja!

> »... Alles, was der Herr gesagt hat, wollen wir tun und darauf hören ...« 2. Mose 24,7

> »... Denn wir sind Gottes Mitarbeiter ...«
> 1. Kor 3,9

Danke, Vater, für das Vorrecht, deine Mitarbeiter zu sein. Mach uns treu und jederzeit willig zu allem, was du von uns wünschst.

2. August

Was auch immer geschehen mag, sorge dafür, daß dein tägliches Leben Gott ehrt. Dann wirst du Kraft haben, und dein Leben wird andere auf Gott hinweisen.

> »Gott aber kann machen, daß alle Gnade unter euch reichlich sei...« 2. Kor 9,8

Herr, laß deine Gnade in meinem Alltagsleben sichtbar werden.

3. August

Ihr Kinder Gottes, seid ihr nur mit euch selbst beschäftigt und freut ihr euch über das, was der Herr für euch tat? Oder macht ihr euch auch Gedanken über die vielen Menschen in eurer Umgebung, die Jesus noch nicht kennen? Vielleicht wißt ihr nicht so recht, wie ihr ihnen etwas von der großen Liebe Jesu sagen könnt. Bittet den Herrn, daß sein Heiliger Geist euch die Nöte in eurer Umgebung zeigt. Er wird euch die Gelegenheiten und die richtigen Worte für sie geben.

> »...sondern ermahnt euch ... untereinander ... alle Tage, solange es ›heute‹ heißt, daß nicht jemand unter euch verstockt werde durch den Betrug der Sünde...« Hebr 3,13

Herr, ich möchte mit anderen über dich sprechen. Führe mich durch deinen Heiligen Geist zu solchen Menschen, die sich nach dir sehnen. Und bitte, gib mir dann die richtigen Worte, um sie zu dir zu weisen und ihnen deine Liebe zu Sündern deutlich zu machen. Schaffe du in ihnen Buße und den Willen zur Umkehr.

4. August

Es gibt zwei Arten von Versagern: Menschen, die denken, aber keine Hand anlegen, und solche, die ständig in Aktion sind, aber dabei nicht nachdenken. Das sieht vielleicht nach Übertreibung aus, aber diese beiden Erscheinungsbilder kann man tatsächlich antreffen. Gehörst du zu einer der beiden Sorten? Wenn ja, dann bitte den Herrn, dir zu zeigen, wie man Denken und Tun so zusammenbringt, daß das Leben keine Widersprüche aufweist. Vergiß dabei nicht: Die Leute beobachten dich, und sie möchten Jesus sehen.

> »Die Gnade aber des Herrn währt von Ewigkeit zu Ewigkeit über denen, die ihn fürchten, und seine Gerechtigkeit ... bei denen, die seinen Bund halten und gedenken an seine Gebote ...« Ps 103,17.18

Vater, hilf uns, an deine Gebote zu denken und sie zu halten. Hilf uns, mit großer Freude deinem Willen gemäß zu leben. Und laß andere merken, daß du es bist, der in uns wirkt in allem, was wir denken und tun.

5. August

Je mehr wir uns an den Herrn halten, desto mehr will er unsere Kraft wachsen lassen und uns zu seinem Werk befähigen. Je konsequenter wir Gottes Willen tun, desto besser können wir ihn erkennen.

> »... daß ihr erfüllt werdet mit der Erkenntnis seines Willens in aller geistlichen Weisheit und Einsicht.« Kol 1,9

Ja, Vater, es ist der Wunsch meines Herzens, deinen Willen zu tun und mit dir durchs Leben zu gehen. Danke, daß du immer bereit bist, mir Kraft zu geben und mich zu ermutigen. Wie herrlich, daß dein Reichtum unausschöpflich ist.

6. August

Der Herr schenkt seine Gnade immer nur gerade für den vor uns liegenden Tag. Ich soll weder in der Zukunft noch in der Vergangenheit leben, sondern ganz und gar heute – an diesem Tag, mit ihm. *Dies* ist der Tag des Herrn.

> »... Seid still, denn der Tag ist heilig; seid nicht bekümmert ...« Neh 8,11

Hilf mir, Herr, einen jeden Tag für sich zu durchleben und zu bewältigen. Danke, daß deine Gnade für heute ausreicht, und daß ich mir über das Morgen keine

Sorgen zu machen brauche. Denn auch morgen wird Gnade genug da sein.

7. August

Gott, der Herr, ist der Eine, der ins Leben ruft, und der uns auch das ewige Leben schenkt, wenn wir Jesus Christus als unseren Erlöser und Herrn anerkennen. Wir leben nur aus seiner unendlichen Gnade. Er macht uns stark. Er zeigt uns den Weg, auf dem wir ihm dienen sollen. Und seine Hand führt uns auf diesem Weg.

»Herr, ... sei unser Arm alle Morgen ...«

Jes 33,2

Vater, führe uns auf den Wegen, die du für uns bestimmt hast, wie sie auch aussehen mögen. Hilf uns, jeden Tag daran zu denken, daß du nicht »schläfst noch schlummerst«, und daß du unsere Füße vorm Gleiten bewahren willst. Wir danken dir für deine Weisheit, mit der du uns führst.

8. August

Unsere eindrücklichsten Lieder singen wir, wenn wir ein Opfer bringen. Wir betreten das Reich der Musik, wenn wir die Auslieferung unseres Lebens vollziehen. Ein williges Opfer auf einem reinen Altar führt die Seele zur »Freude Gottes«.

»... Und um die Zeit, da das Brandopfer anfing, begann auch der Gesang für den Herrn...« 2. Chr 29,27

O Herr, ein reiner Altar – ein williges Opfer – ist das, was du erwartest. Und das ist auch der Wunsch unseres Herzens. Laß uns niemals vergessen, daß wir in deine heilige Gegenwart treten, wenn wir ein Opfer bringen.

9. August

Eines Tages wurde der schon alt gewordene Franz von Assisi gefragt, wie es möglich gewesen sei, daß er so viel für Gott tun konnte. Seine Antwort lautete: »Der Grund, warum Gott meine Bemühungen gesegnet hat, muß wohl der gewesen sein: Gott schaute vom Himmel auf die Erde herab und sagte: ›Wo finde ich den schwächsten, niedrigsten, ärmsten Mann auf dieser Welt?‹ Dann sah er mich und sagte: ›Da ist er. Durch *ihn* will ich wirken, weil *ihn* das sicherlich nicht in Versuchung bringt, sich selbst hoch einzuschätzen und mir meinen Ruhm zu nehmen. Er wird immer wissen, daß ich ihn nur benutzt habe, gerade weil er ein so schwacher Mensch ist und sich selbst nicht für wichtig hält.‹«

»... Sondern was töricht ist vor der Welt, das hat Gott erwählt, damit er die Weisen zuschanden mache; und was schwach ist vor der Welt, das hat Gott erwählt, damit er zuschanden mache, was stark ist; und das Geringe vor der Welt und das Verachtete hat Gott erwählt, das, was nichts ist, damit er zuschanden mache, was etwas ist, damit sich kein Mensch vor Gott rühme.« 1. Kor 1,27-29

Vater, wenn du willst, kannst du sogar mich brauchen. Mach mich willig, mich als töricht vor der Welt ansehen zu lassen, wenn die Leute meinen, daß es so ist.

10. August

Einst war da ein alter Mönch, der an jedem Heiligen Abend bei der Christvesper zu singen pflegte. Seine Stimme war nicht mehr schön, aber er liebte den Herrn und sang aus ganzem Herzen. Eines Tages ließ der Abt des Klosters ihn kommen und sagte: »Bruder Don, es tut mir leid, aber wir haben nun einen neuen Mönch mit einer wunderbaren Stimme ... er wird dieses Jahr zu Weihnachten singen.« Dieser neue Mann sang so wunderbar, daß alle Zuhörer ganz begeistert waren.
Doch in jener Nacht kam ein Engel zum Abt des Klosters und sagte: »Warum habt ihr keine Weihnachtsmesse gesungen?«
Der Abt antwortete: »Wieso? Wir hatten sogar einen wunderbaren Weihnachtsgesang.«
Doch traurig entgegnete darauf der Engel: »Wir haben im Himmel nichts davon gehört.«

Siehst du, der alte Mönch hatte eine persönliche Beziehung zu dem Herrn Jesus, doch der junge Mönch sang um seiner selbst willen, nicht zur Ehre des Herrn.

»...was ihr auch tut, das tut alles zu Gottes Ehre.« 1. Kor 10,31

Herr, unser Ich mischt sich so leicht ein, auch wenn ich mir nichts mehr wünsche, als zu deiner Ehre zu leben. Laß mich immer die Stimme deines Heiligen Geistes hören.

11. August

Viele Mitglieder von Kirchen und Gemeinden haben sich vielleicht ständig enorm eingesetzt, und doch sind ihre Hände, wenn sie in den Himmel kommen, leer, weil sie niemals einen Menschen für Christus gewonnen haben. Sie haben nichts zu bieten als sichtbares Zeichen ihrer Dankbarkeit Gott gegenüber. Sie gleichen den Jüngern, die nach Jesu Tod und Auferstehung wieder zu ihren Netzen zurückgingen. Und dann fischten sie eine ganze Nacht hindurch und fingen nichts.
Sieht nicht so das Leben vieler Christen aus? Sie mühen sich ab, sie strengen sich an, um zu lernen, und schließlich endet ihr Leben doch ohne irgend etwas, das bleibenden Wert besäße.

»Denn wir sind sein Werk, geschaffen in Christus Jesus zu guten Werken, die Gott zuvor bereitet hat, daß wir darin wandeln sollen.«
Eph 2,10

Vater, öffne unsere Augen für die Tatsache, daß wir an die Aufgaben herangehen müssen, die du für uns vorgesehen hast. Und wir danken dir, daß du uns diese Aufgaben zeigen willst.

12. August

Wenn alle Sicherheiten und Schätze und Werte dieser Welt zerbröckeln und wegfallen, wirst du erfahren, welche unzerstörbaren Reichtümer Gott uns verheißen hat.

»...die Welt vergeht mit ihrer Lust; wer aber den Willen Gottes tut, der bleibt in Ewigkeit.«
1. Joh 2,17

Herr, dein Wort sagt, daß es möglich ist, in dir zu bleiben, was ja bedeutet, daß wir immer dort sein sollen, wo du bist. Dann werden wir auch die Erfüllung deiner Verheißungen erleben. Halleluja!

13. August

Als ich mich einst in Einzelhaft befand, schrieb ich in einem meiner Briefe: »Ich sehne mich nach Freiheit, aber ich hoffe, daß ich dann, wenn es einmal soweit ist, das fröhliche Bewußtsein der Gegenwart Jesu nicht verliere, das ich hier in dieser Zelle habe.« Weißt du auch, was es heißt, die Gegenwart Jesu zu spüren? Es gibt nichts Größeres. Und er selbst versprach es, daß er bei uns sein würde!

> »... ich bin bei euch alle Tage bis an das Ende der Erde.« Mt 28,20

Danke, Herr, daß wir niemals uns selbst überlassen bleiben, weil du immer da bist. Welches Vorrecht genießen wir doch damit!

14. August

Jesus ist der große Wendepunkt in der Geschichte der Menschheit und der Schöpfung. Er war der erste, zu dem Gott sprach: »Du bist mein lieber Sohn.« Bis dahin hatte jeder Mensch, von dem wir in der Bibel lesen und aus der Geschichte erfahren können seine Begrenzungen und Schwächen gezeigt. Jesus aber besaß Gottes eigene Natur. Wenn wir Gott kennenlernen wollen, müssen wir uns das Leben Jesu näher ansehen.

> »Darum, ihr heiligen Brüder, die ihr teilhabt an der himmlischen Berufung, schaut auf den Apostel und Hohenpriester, den wir bekennen, Jesus.« Hebr 3,1

Vater, wir danken dir, daß du uns deinen einzigen Sohn gabst und es für die Menschheit möglich machtest – für jeden von uns – an seinem Leben teilzuhaben, wenn wir ihn als Erlöser und Herrn anerkennen. Wir möchten nahe bei ihm bleiben. Hilf uns, das zu tun.

15. August

Jesus ist Gottes Waffe gegen den Satan! Er ist die Wahrheit, die Gerechtigkeit, der Friede, der Glaube, die Erlösung.

> »... Ich bin der Weg, die Wahrheit und das Leben ...« Joh 14,6

> »... und in keinem anderen ist das Heil ...« Apg 4,12

Vater, wir können dir nie genug danken für das Wundervolle, das du uns in deinem Sohn Jesus Christus bereitet hast. Lehre uns, das an jedem Tag neu als Geschenk anzunehmen.

16. August

Wer ist diese Quelle unserer Kraft, der Helfer, auf den du und ich uns verlassen können und müssen? Es ist der Herr der Herren, der König aller Könige.

»...Denn der Herr hat gesagt: ›Ich will dich nicht verlassen und nicht von dir weichen.‹ So können auch wir getrost sagen: ›Der Herr ist mein Helfer, ich will mich nicht fürchten; was kann mir ein Mensch tun?‹« Hebr 13,5.6

O Herr, welch ein starker und liebender himmlischer Vater bist du. Danke, daß ich meine zitternde Hand in deine starke legen darf.

17. August

Die Quellen Gottes sollen uns zur Verfügung stehen, wenn wir sie am nötigsten brauchen.
John Henry Jowett schrieb einmal: »Es lebte ein Farmer, der eine ganze Generation lang jeden Eimer Wasser, der in seinem Haus gebraucht wurde, von einem weit entfernten Brunnen herbeigeschleppt hatte. Eines Tages grub er einen Schacht in der Nähe seines Hauses, und zu seiner großen Freude entdeckte er, daß das Wasser ja vor seiner eigenen Haustür vorhanden war.«
»Meine Seele, deine Quelle ist nahe, selbst hier. Geh nicht, sie irgendwo zu suchen. Deine Suche darf zu Ende sein. Das Wasser entspringt vor deinen Füßen...«

»Du lässest Wasser in den Tälern quellen...«
Ps 104,10

Herr Jesus, ich mache es oft so kompliziert. Laß mich durch deinen Heiligen Geist so einfach wie ein Kind sein und mir immer des Reichtums bewußt bleiben, den ich in dir habe.

18. August

Die Möglichkeiten des Menschen sind tatsächlich grenzenlos, aber nur dann, wenn er die Verheißungen Gottes nicht einschränkt. Die Worte des Herrn sind voller Kraft der Ewigkeit und unerschütterlich. Und sein Wort sagt uns, daß er uns sehr nahe gekommen ist. Die Gegenwart Gottes ist unser großer Trost. Er hat versprochen:

> »... ich bin bei euch alle Tage bis an der Welt Ende.« Mt 28,20

Danke, Vater, daß ich in den Händen Jesu sicher bin.

19. August

Der Herr Jesus weiß alles über dich und mich. Er sagt: »Ich kenne meine Schafe.« Wir können ihn mit nichts überraschen. Er kommt auch nicht zu spät und findet dann die Sache halb fertig vor. Er ist bei allem, was geschieht, von Anfang an dabei.

> »... Und gedenke des ganzen Weges, den dich der Herr, dein Gott, geleitet hat diese vierzig Jahre in der Wüste ...« 5. Mose 8,2

Du kennst mich, Herr – mich! Welch eine Sicherheit liegt darin!

20. August

Bete regelmäßig zu bestimmten Zeiten, aber auch dann, wenn gerade eine Entscheidung fällig ist, oder wenn du einer besonderen Versuchung widerstehen mußt. Du kannst jeden Augenblick mit Gott in Kontakt sein. Und er hört dich immer.

> »Eines bitte ich vom Herrn, das hätte ich gerne: Daß ich im Hause des Herrn bleiben könne mein Leben lang, zu schauen die schönen Gottesdienste des Herrn und seinen Tempel zu betrachten.« Ps 27,4

Danke, Herr, daß ich dir immer nahe sein und mit jeder Bitte zu dir kommen kann. Vor allem aber danke ich dir dafür, daß du immer bereit bist, mir zuzuhören. Halleluja!

21. August

Oft verstehen wir Gottes Verheißungen nicht. Sie scheinen zu hoch und außerhalb unseres Fassungsvermögens zu sein. Und dann legen wir sie beiseite, ohne noch einen ernsthaften Gedanken daran zu ver-

schwenden. Doch das ist nicht Gottes Absicht bei der Sache.
Er bekräftigt jede Verheißung mit seiner Liebe und seiner Allmacht, und es war ihm ernst damit, als er sie aussprach. Darum glaube ich, daß wir sündigen, wenn wir sie ignorieren oder vielleicht dadurch umgehen, daß wir sie wegrationalisieren.

> »...damit ihr nicht träge werdet, sondern Nachfolger derer, die durch Glauben und Geduld die Verheißungen ererben.« Hebr 6,12

Und ich möchte auch nicht nachlässig werden, Herr. Mach mir deine Liebe mehr bewußt, die mir dein ganz bestimmtes Versprechen gibt, daß du mich stärken und ermutigen willst.

22. August

Oft fragen mich die Leute: »Warum kann ich Gottes Antwort nicht hören? Wenn ich um Führung bitte, ist es gerade, als ob der Herr mir gar nicht antworten will.«
Darauf kann ich nur eins erwidern: »Erwartest du wirklich ehrlich eine Antwort?« Und dann geben die Frager meist zu, daß sie diese Voraussetzung nicht erfüllen.

> »So vertrage dich nun mit Gott und mache Frieden; daraus wird dir viel Gutes kommen...«
> Hiob 22,21

Herr, vergib, und reinige mein fruchtloses Gebetsleben. Ich erkenne, daß ich gar nichts erwartet habe und daß ich auch nicht geduldig warten konnte. Danke, daß du ein geduldiger, verständnisvoller Lehrer bist.

23. August

Keiner außer dir selbst kann dir die Fülle des Segens rauben. Keinem Menschen mangeln geistliche Gaben wegen der Fehler und des Versagens anderer. Der Stab Aarons grünte, blühte und trug Frucht, obwohl er mit einem Bündel dürrer Stäbe zusammengebunden war.

> »... der Stab Aarons war auch unter ihren Stäben. Und Mose legte die Stäbe vor dem Herrn nieder in der Hütte des Gesetzes.«
>
> 4. Mose 17,21.22

Wenn wir nur immer zu dir kommen würden, Herr, mit all unseren Gedanken, Sorgen und Wünschen, und dich dann tun ließen, was du für richtig hältst! Mach uns williger zu diesem Weg.

24. August

Schäme dich niemals, am Schatzhaus der Allmacht Gottes anzuklopfen, zu suchen und zu bitten. Wenn wir unsere Hilflosigkeit zugeben, wenn wir eingestehen, daß wir mit unseren Problemen allein nicht zurechtkommen, dann bringen wir damit unsere Abhängigkeit von Gott zum Ausdruck. Das ist der Glaube, der Berge versetzt.

> »...Wie lange seid ihr so lässig, daß ihr nicht hingeht, das Land einzunehmen, das euch der Herr, der Gott eurer Väter, gegeben hat?«
>
> Jos 18,3

Vergib uns, Herr, daß wir so oft auf unsere eigenen armseligen Möglichkeiten schauen und dabei vergessen, daß du die *Quelle* bist. Hilf uns, zu kommen und in Besitz zu nehmen, was du uns ja schon längst zur Verfügung gestellt hast.

25. August

Laßt uns uns selbst gegenüber immer mit heiliger Unzufriedenheit erfüllt sein. Wir können niemals sicher sein im Hinblick auf unsere eigenen Wünsche, sondern nur in bezug auf Gottes Verheißungen.

> »...Der wird euch auch fest erhalten bis ans Ende, daß ihr untadelig seid am Tag unseres Herrn Jesus Christus.« 1. Kor 1,8

Danke, Herr, daß deine Versprechen felsenfest stehen, und daß du uns damit Boden unter den Füßen geben willst, weil diese Verheißungen niemals versagen.

26. August

Es ist nicht so sehr von Bedeutung, *was* wir erleben, als *wie* wir leben, wie wir z.B. mit Schwierigkeiten umgehen.

> »Gott aber sei Dank, der uns den Sieg gibt durch unseren Herrn Jesus Christus!«
>
> 1. Kor 15,57

Herr, dein Weg ist vor mir verborgen, aber trotzdem möchte ich beständig bei dir bleiben. Ich weiß, daß du mich mit deiner rechten Hand festhältst. Du leitest mich nach deinem Rat, auch wenn ich nur Finsternis um mich und vor mir sehe. Du bahnst mir einen Weg in der Wüste und machst, daß ich das Ziel erreiche. Herr, ich schäme mich, daß ich so niedergeschlagen war. Hilf mir zu erkennen, daß deine hilfreiche Gegenwart mich ja immer umgibt.

27. August

In Hollywood sah ich viele verschiedene Gesichter und Hände und Situationen. Ich sah die Hände derer, die sich sehnlichst wünschten, »Königin eines Tages zu sein« – gierige, nervöse, verzweifelte Hände. Ich sah die gefalteten Hände von Jungen und Mädchen, die stumm beteten. Ich sah gelangweilte, unglückliche Gesichter. Und ich sah junge, glückliche Gesichter von Jungen und Mädchen, die von dem Frieden sprachen, den Jesus in ihre Herzen gebracht hatte. Ich

sah Armut – schneidende Armut – in luxuriösen Häusern. Und ich sah den himmlischen Reichtum der Kinder Gottes.
Eine nur war »Königin eines Tages« – nur eines einzigen Tages.
Diejenigen, die Jesus kennen, sind Königskinder für Zeit und Ewigkeit. Die Welt sagt: »*Einer* oder *Eine* ist gefragt.« Jesus sagt: »Kommt her zu mir, *alle* ...«

> »Ich bin gekommen, daß sie das Leben und volle Genüge haben sollen.« Joh 10,10

O Herr, wir können nie völlig verstehen, was es heißt, daß du willig warst, auf die Erde zu kommen, zu leiden und zu sterben, damit wir dieses Leben im Überfluß haben sollen. Danke, daß du für einen jeden von uns kamst.

28. August

Es ist durch Jesus geschehen, daß Gottes größte und kostbarste Verheißungen für uns Gültigkeit haben.

> »O welch eine Tiefe des Reichtums, beides, der Weisheit und der Erkenntnis Gottes! ...«
> Röm 11,33

Es ist ein Wunder für uns, Vater, daß es uns erlaubt ist, uns auf dein Wort zu beziehen, und daß die Reichtümer deiner Verheißungen uns zur Verfügung stehen. Wir danken dir und preisen deinen heiligen Namen!

29. August

Wie reich bin ich doch! Gott ist der Schöpfer des ganzen Universums, und doch hält er auch mein kleines Leben in seinen Händen. Er lenkt die Sterne, und gleichzeitig denkt er an die Menschen. Wind und Wellen gehorchen ihm. Und das ist mein Gott, mein Vater. Ich bin sein Kind. Keiner gleicht diesem Herrn, und er liebt mich. Wie reich bin ich!

»... Er ... hängt die Erde über das Nichts.«
Hiob 26,7

»... was ist der Mensch, daß du seiner gedenkst...« Ps 8,4

Danke, Herr, daß du auch mich in deiner Hand hast.

30. August

Weißt du, daß es einen Unterschied gibt zwischen Leben und »Leben im Überfluß«? Viele Christen sagen: »Ich glaube an Jesus; das ist alles, was ich brauche. Ich habe das ewige Leben, warum soll ich mir dann noch Gedanken darüber machen, was Leben im Überfluß bedeutet?«
Ich sah einmal einen schwerkranken Menschen, der sich kaum bewegen konnte. Dann betrat eine Krankenschwester den Raum. Sie sprühte von Energie und Kraft, und kam, um dem Kranken zu helfen. Bei-

de hatten Leben in sich. Aber der eine war eben nur gerade am Leben, die andere hatte Leben im Überfluß.
Allzu viele Christen gleichen diesem Kranken. Sie haben Leben, ja, aber sie sind nicht stark und können anderen nicht helfen.

> »... Ihr verlangt ja einen Beweis dafür, daß Christus in mir redet, der euch gegenüber nicht schwach ist, sondern ist mächtig unter euch.«
> 2. Kor 13,3

Danke, Herr, daß es möglich ist, ein Leben im Überfluß zu führen, weil du so kraftvoll bist, sogar in mir.

31. August

Gott möchte, daß wir unabhängig von jeder »Flasche« sind und dafür unser Genüge finden durch die Quelle ewigen Wassers in uns: einer Quelle, die auf den Bergen Gottes entspringt.

> »Klugheit ist ein Brunnen des Lebens dem, der sie hat ... die Quelle der Weisheit ist ein sprudelnder Bach ...« Spr 16,22;18,4

Herr, führe uns in deine Weisheit ein und laß sie in uns zur sprudelnden Quelle werden, nicht nur zu unserer eigenen Erfrischung, sondern auch für andere.

September

1. September

Weißt du, daß Gott will, daß du ihn beim Wort nimmst? Wenn wir über die dunklen Tage nachdenken, in denen wir leben oder über uns selbst und unser ständiges Bedürfnis nach Gnade, Kraft und Führung, dann müssen wir uns immer daran erinnern, daß Gottes Verheißungen auf uns warten. Er möchte unsere Bedürfnisse stillen. Wir brauchen nicht allzu viel zu sagen, wir müssen nur sein Wort ernst nehmen. Er will uns Ruhe geben.

»... tu, wie du geredet hast.« 2. Sam 7,25

Vater, du brichst niemals dein Wort. Wir wissen, daß du immer tust, was du verheißen hast. Danke für dein Wort und für deine Verheißungen.

2. September

Gottes Verheißungen sind mit voller Autorität gesprochen. Du wirst in der Bibel niemals einem unnützen Wort begegnen. Was Gott sagt, das meint er auch.

»... aber des Herrn Wort bleibt in Ewigkeit.«
1. Petr 1,25

Danke, Herr, für den festen Boden, den wir durch dein Wort unter den Füßen haben.

3. September

Manchmal sprechen mich Menschen an mit den Worten: »Ich habe das Gefühl, daß ...« Welch ein Vorrecht ist es, daß ich von *Wahrheiten* sprechen kann und nicht auf Gefühle angewiesen bin. Es ist wahr, weil es so in der Bibel steht.

> »Denn das Gesetz ist durch Mose gegeben, die Gnade und Wahrheit ist durch Jesus Christus geworden.« Joh 1,17

Vater, hilf uns, daß wir beständig auf deinen Sohn schauen, so daß er uns den Weg zeigen kann.

4. September

Wie arm und klein und unvollständig der Glaube der Jünger auch war – oft hatten sie doch genug Glauben, um das Richtige zu tun. Wenn sie aufgeregt waren und bedrängt, beunruhigt und erschöpft, dann gingen sie zu Jesus, und er gab ihnen alles, was sie brauchten.

> »... Herr, wohin sollen wir gehen? Du hast Worte des ewigen Lebens.« Joh 6,68

> »Ich bin das Brot des Lebens.« Joh 6,48

Wir sagen mit Petrus: »Herr, wohin sollen wir gehen?« Du allein kannst unsere tiefsten Bedürfnisse befriedigen. Danke, daß wir zu allen Zeiten zu dir kommen können.

5. September

Bist du in Sorge wegen der Gewißheit deines Glaubens? Die Wirklichkeit unserer Erlösung beruht auf dem vollbrachten Werk Jesu Christi am Kreuz, nicht auf unseren Empfindungen und Stimmungen. Gefühle kommen und gehen, aber Jesus ist immer gegenwärtig.

> »... daß Christus durch den Glauben in euren Herzen wohne und ihr in der Liebe eingewurzelt und gegründet seid ... damit ihr erfüllt werdet mit der ganzen Gottesfülle ...«
>
> Eph 3,17.19

Herr, ich kann dir niemals genug danken, daß du am Kreuz alles getan hast, was nötig war, um mich von der Macht der Sünde zu befreien. Danke, daß es möglich ist, in deiner Kraft zu leben, wenn wir nur in der Liebe verwurzelt bleiben – in deiner Liebe.

6. September

Glaube ist etwas Aktives. Er muß in die Tat umgesetzt werden. Laßt uns immer bereit sein, das an unserem

Platz zu tun, auch in Not- und Prüfungszeiten. Unser Glaube ruht in Gott. Er ist der *eine Allmächtige, Allvermögende.* Durch einen Akt unseres Willens können wir uns jeder Zeit an ihn wenden.

> »Darum laßt uns hinzutreten mit Zuversicht zu dem Thron der Gnade, damit wir ... Gnade finden zu der Zeit, wenn wir Hilfe nötig haben ...«
> Hebr 4,16

Vater, danke, daß wir immer mit Zuversicht kommen dürfen, wenn wir uns aufgrund deiner Verheißungen dir glaubend und vertrauend nähern. Und danke, daß wir in jeder Not die Gnade finden werden, die uns gerade in der Situation hilft.

7. September

Glaube ist wichtig, weil er mich nahe zum Herrn bringt. Es kann zwar sein, daß er mich manchmal auch tadeln muß, aber er weist mich niemals ab. Er will mir eine immer größere Erkenntnis von ihm selbst geben.

> »Erforscht euch selbst, ob ihr im Glauben steht; prüft euch selbst! ...« 2. Kor 13,5

Herr, ich danke dir für alles, was du in mir gewirkt hast, seit ich dich kennenlernte. Mache mich willig, mich selbst zu prüfen und mich korrigieren zu lassen.

8. September

Glaube ist nicht der Feind des Intellekts. Er ist aber eine Aktivität des Menschen, die weit über unsere fünf Sinne hinausgeht.

> »Es ist aber der Glaube eine feste Zuversicht auf das, was man hofft, und ein Nichtzweifeln an dem, was man nicht sieht!« Hebr 11,1

Herr, wir wissen, daß uns unsere Sinne und unser Verstand gegeben worden sind, damit wir sie in unserem täglichen Leben hier auf der Erde gebrauchen. Glaube aber hat etwas mit dem Königreich Gottes zu tun. Danke, daß auch das, was Menschen unmöglich ist, für dich kein Problem darstellt.

9. September

»Ich habe darüber nachdenken müssen, wieviel unerklärliche Dinge es doch im Leben gibt. Unser Herr Jesus, der alles hätte erklären können, tat es jedoch nicht. Er sagte z. B. es würde Bedrängnis kommen, aber nirgendwo nannte er den Grund dafür. Manchmal sprach er davon, daß Leiden der Verherrlichung Gottes dienen würde, er sagte aber nicht, wie das geschehen könnte. Durch die ganze Heilige Schrift hindurch begegnen wir immer wieder diesem Phänomen. Ich kann mich an keine einzige Erklärung für Prüfungen und Versuchungen erinnern. Geht es dir anders? Das Unerklärliche wird uns zugemutet.« Amy Carmichael

»... die ihr ... traurig seid in mancherlei Anfechtungen, damit euer Glaube als echt und viel kostbarer befunden werde als das vergängliche Gold ... zu Lob, Preis und Ehre, wenn offenbart wird Jesus Christus.« 1. Petr 1,6.7

Herr, stärke uns, daß wir jeder kleinen und großen Anforderung, die der Glaube an uns stellt, mit Geduld und Standhaftigkeit begegnen.

10. September

Weil Sieg das Ergebnis davon ist, daß Christus in uns Gläubigen lebt, sollten wir ganz klar sehen, daß Gottes Plan für seine Kinder »Sieg« heißt und nicht »Niederlage«.

»... Der Tod ist verschlungen vom Sieg.«
1. Kor 15,54

Danke, Herr, für deinen Sieg! Danke, daß du niemals den Bankrott erklären mußt – niemals!

11. September

Wir müssen nicht unbedingt in allen Lehrfragen mit anderen Christen übereinstimmen, aber wir müssen in der Lage sein, die Geister zu unterscheiden. Der Heilige Geist rüstet uns mit dieser Fähigkeit aus. Heute gibt es viele, die den Versuch machen, uns von irgendetwas zu überzeugen. Wir müssen klar erkennen, was vom Heiligen Geist kommt und was vom Teufel.

> »Denn es werden falsche Christusse und falsche Propheten aufstehen und große Zeichen und Wunder tun, so daß sie, wenn es möglich wäre, auch die Auserwählten verführten.«
>
> Mt 24,24

Herr, wir bitten darum, daß der Heilige Geist uns zu jeder Zeit Einsicht gibt, so daß wir unterscheiden können, was vom Satan herkommt, und nicht in seinen Schlingen gefangen werden.

12. September

David hatte die Furcht überwunden. Aus diesem Grunde konnte er beruhigend sagen, daß doch niemand das Herz entfallen solle wegen Goliath. Da war nichts von Panik zu spüren, keine fieberhafte und unnötige Aufregung, da gab es keine Aufrufe, um den Mut anzustacheln. Da sah man nur vollkommene Ruhe.

Für ein Kind Gottes ist die Angst ein besiegter Feind. Die Kraft des Heiligen Geistes gibt uns den Sieg über die Furcht. Seit Pfingsten stehen wir alle auf Siegesboden.

»Der Herr, der mich errettet hat ... wird mich auch jetzt erretten ...« 1. Sam 17,37

Herr, mache mich durch deinen Heiligen Geist zu einem David, der die Goliaths unserer Tage in der richtigen Größenordnung sieht.

13. September

David überwand den Unglauben. Er hatte reiche Erfahrungen mit dem fürsorglichen Handeln Gottes gemacht, und sein Vertrauen ließ ihn nun heiter und ruhig sein. Er hatte die Kraft Gottes kennengelernt, als er dem Bären und dem Löwen und Goliath gegenüberstand.

»... mit meinem Gott (kann ich) über Mauern springen.« 2. Sam 22,30

Herr, hilf mir, mich an die kostbaren Erfahrungen zu erinnern, die mir deinen Sieg sichtbar gemacht haben. Ich weiß, daß du mich niemals im Stich läßt.

14. September

Der junge Kämpfer für den Herrn, David, hatte schon manche Siege erfochten, bevor er Goliath begegnete. Es hängt viel davon ab, wie ich auf meine schwersten

Kämpfe vorbereitet bin. Bin ich in kleinen Auseinandersetzungen unachtsam gewesen, werde ich in den großen umso eher scheitern.

»Wenn ich mich fürchte, so hoffe ich auf dich.«
Ps 56,3

Herr, ich muß wählen zwischen Angst und Vertrauen, Unglauben und Glauben, Niederlage und Sieg. Ja, Herr, ich will vertrauen, glauben und in deiner Kraft überwinden.

15. September

Glaubst du, daß es auf deinem Weg irgendeinen Stein oder sonst ein Hindernis gibt, die ohne Grund da wären? Ob es häßlich ist, groß oder klein – du mußt glauben, daß es genau da hingehört, wo du ihm begegnest, aber gewiß nicht, um dich daran zu hindern, weiterzugehen, gewiß nicht, um dir Mut und Kraft zu nehmen. Eine weise Hand hat diesen Stein des Anstoßes dorthin gelangen lassen, damit du ihn dir genau ansiehst und dann mit Gott darüber sprichst. Du solltest ihn fragen, was er dir damit deutlich machen will. Und wenn du bei jedem Hindernis auf deinem Weg Gott begegnest, dann ist jedes ein Segen für dich.

»... ihr ... seid in mancherlei Anfechtungen, damit euer Glaube als echt ... befunden werde ...«
1. Petr 1,6.7

Herr, es macht so viel aus, in welchem Licht ich meine Prüfungen und Probleme betrachte. Zeige mir bitte den Grund, warum ich die Dinge nicht von deinem Standpunkt aus sehen kann. Danke, daß du mir durch deinen Heiligen Geist den rechten Blickwinkel geben willst und die Kraft, die ich brauche.

16. September

Jedesmal, wenn wir mit Leiden konfrontiert werden, fragen wir sofort: »Warum?« Könnte es nicht sein, daß Gott uns zeigen will, was *er* tun kann? Leiden treibt uns auf die Knie, und ist das nicht der Platz, auf dem Gott uns sehen will? Dann wird seine Kraft am meisten offenbar. Der Apostel Paulus wußte um den Wert des Schwachseins: Gott braucht schwache Menschen.

> »... deine Kraft ist in den Schwachen mächtig ...« 2. Kor 12,9

Herr, hilf uns, daß wir das Leiden von deiner Warte aus sehen. Hilf uns, daß wir – ob es nun groß ist oder klein – dich damit ehren.

17. September

Einer der Gründe für Leiden mag sein, daß es in anderen Gutes bewirken kann. Und wenn wir das erkennen, können wir Gottes Güte preisen, weil alle Liebe und Freundlichkeit, die ein Mensch dem andern erzeigt, letztlich von ihm herkommt.

> »Alle gute Gabe und alle vollkommene Gabe kommt von oben herab, von dem Vater des Lichts ...« Jak 1,17

Herr, bitte lehre mich, hinter aller Zuwendung und Hilfsbereitschaft anderer deine Liebe zu sehen.

18. September

Der Glaube ist eine starke Macht, die alle Schwierigkeiten in der Kraft des Herrn, der Himmel und Erde gemacht hat, überwindet.

> »... aber die auf den Herrn sehen, kriegen neue Kraft, ... daß sie ... laufen und nicht matt werden, daß sie wandeln und nicht müde werden.« Jes 40,31

Herr, ich warte auf dich. Danke, daß du kommst.

19. September

Mein Buch »Amazing Love« (Wunderbare Liebe) ist vom Herrn dazu gebraucht worden, sein Wirken in meinem Leben für andere Menschen sichtbar zu machen. Manchmal habe ich den Eindruck, daß der Satan gewisse Bücher haßt. »Amazing Love« wurde ursprünglich in Holländisch geschrieben und dann ins Englische übersetzt. Von dieser englischen Ausgabe besaß ich irgendwann nur noch vier Exemplare. Zu der Zeit befand ich mich in Afrika und sandte eins davon an den englischen Verleger. Es kam niemals an. Dann reiste ich in ein anderes Land und hörte von den Menschen dort, daß ihr erstes, einst von mir zugesandtes Exemplar dieses Buches verloren gegangen war. Ich schickte ihnen ein zweites Buch zu. Auch das ging auf dem Postweg verloren. Ich brachte ein drittes Exemplar auf den Weg, aber die Adressaten empfingen es niemals. Das vierte Buch wollte ich dann nicht mehr aus der Hand geben, bis ich vier weitere Kopien davon besaß. Dieses letzte erreichte später die Empfänger und wurde dort veröffentlicht. Es erlebte danach noch viele Neuauflagen.

> »...Die Liebe ... erträgt alles, sie glaubt alles, sie hofft alles, sie duldet alles. Die Liebe hört niemals auf...« 1. Kor 13,7.8

Danke, Herr, daß du uns durch deinen Heiligen Geist zu Kanälen deiner Liebe machst.

20. September

Auch in Indien wollte ein Evangelist mein Buch »Amazing Love« gern in seine Sprache übersetzen lassen. Er gab es einem guten Übersetzer in die Hand. Nach längerer Zeit fragte er an, wann die Übersetzung wohl fertig sei. Dabei stellte sich heraus, daß der

Mann das Buch verloren hatte. Der Inder gab nun ein zweites Exemplar an einen anderen Übersetzer, der aber ernsthaft erkrankte. Ein dritter ins Auge gefaßter Übersetzer wurde von einer Flutkatastrophe überrascht, und so ging das Buch auch diesmal verloren. Der Evangelist selbst mußte wegen der gleichen Überschwemmung fliehen, um sein Leben zu retten, doch war es ihm noch möglich, eine kleine Stadt zu erreichen. Von dort konnte er allerdings längere Zeit nicht mehr wegkommen, da die Stadt von Wasser umgeben war. Diese Zeit nutzte der Mann nun, um das Buch selbst zu übersetzen. Letztendlich war der Feind doch nicht Sieger geblieben.

> »... und verschworen sich alle miteinander ... bei uns Verwirrung anzurichten. Wir aber beteten zu unserem Gott ...« Neh 4,2.3

Danke, Herr, daß wir auf Siegesboden stehen, wenn der Kampf auch manchmal schwer werden kann.

21. September

Wenn du gerade in vielen Schwierigkeiten steckst – sei nur guten Mutes! Eines Tages ist es damit vorbei, und du brauchst keine weiteren mehr zu fürchten. Jesus will dir den Sieg geben. Darum muß es nicht sein, daß die Probleme uns überwältigen. Gott wird sich freuen über deinen Sieg und du wirst dich in ihm freuen.

»... der Herr, dein Gott, ist bei dir, ein starker Heiland ... er wird über dich mit Jauchzen fröhlich sein ...« Zef 3,17

Herr, du hast die Macht des Feindes überwunden, und du willst auch mich an deinem Sieg teilhaben lassen. Ich kann das nicht begreifen, aber ich danke dir, daß es wahr ist.

22. September

Eine Frau sagte einmal: »Es gibt Täler, die scheinen zu tief und weit zu sein, als daß man eine Brücke darüber bauen könnte. Ich bete darum, daß ich den Mut habe, den Versuch trotzdem zu wagen.«
Es gibt Probleme, von denen wir den Eindruck haben, daß sie nicht zu bewältigen sind. Aber mein Vater lehrte uns als Kinder, daß Schwierigkeiten dazu da wären, daß sie überwunden würden.

»... ohne mich könnt ihr nichts tun ...«
Joh 15,5

»... ich vermag alles durch den, der mich mächtig macht.« Phil 4,13

Herr, ich will dir meine Ängste und Probleme in allen Einzelheiten vorlegen. Bitte benutze sie als Material für ein Wunder.

23. September

Wenn wir den Eindruck haben, daß der Sieg unendlich schwer zu gewinnen ist – daß er von unserer Anstrengung und unserem Kampf abhängt – dann sind wir auf der falschen Spur. Wir stehen dann nicht auf der Basis, die Gott uns zur Verfügung stellt. Glaube kämpft nicht – Glaube läßt Gott alles tun.
Sieg ist nicht nur eine Erfahrung, nicht nur ein Segen (obwohl er beides auch einschließt), »Sieg«: das meint Jesus Christus selbst. Unser Sieg liegt in ihm als Person begründet. »Jesus allein« zu sehen, bedeutet schon den Sieg.

> »...durch Stillesein und Hoffen würdet ihr stark sein...« Jes 30,15

Immer mal wieder denken wir, daß wir es in eigener Kraft schaffen müssen, und natürlich versagen wir dann, weil wir nicht auf dich, Herr Jesus, schauen und dir nicht vertrauen. Erinnere uns in solchen Zeiten an dein Wort. Wir preisen deinen Namen, daß wir unser Vertrauen stets auf dich setzen können.

24. September

In einer Versammlung teilte der Pastor der versammelten Gemeinde mit, daß ich Geburtstag habe, und daß wir gerade zu der Zeit eine kleine Waisenarbeit in Israel begonnen hätten. In der Kollektenbüchse fand sich eine Geburtstagskarte von einem kleinen Jungen. Alles Geld, das er sich gespart hatte, um seine Tante zu besuchen, hatte er an diese Karte geheftet und dazu geschrieben: »Für die Waisenkinder«. Das war für mich ein wunderbares Geburtstagsgeschenk. Oft bete ich: »Herr, bewahre mich vor ›ungesegnetem‹ Geld.« Ich weiß, daß der Herr mit *einer* »gesegneten« Mark mehr tun kann als mit *zweihundertfünfzig* »ungesegneten« Mark.

> »Ein jeder, wie er's sich im Herzen vorgenommen hat, nicht mit Unwillen oder aus Zwang; denn einen fröhlichen Geber hat Gott lieb.«
> 2. Kor 9,7

Mache uns zu fröhlichen Gebern, Herr, damit du segnen kannst, was wir geben, und daraus Frucht für die Ewigkeit entstehen kann.

25. September

Jede Gabe – auch das Geld – beginnt Frucht zu tragen, wenn wir sie gebrauchen. Du mußt die Gaben, die Gott dir gegeben hat, entdecken, und dann mußt du sie entfalten und nutzen, damit andere durch dich gesegnet werden.

> »Und dient einander, ein jeder mit der Gabe, die er empfangen hat, als die guten Haushalter der mancherlei Gnade Gottes.« 1. Petr 4,10

Herr, öffne uns die Augen für die Gaben, dir wir von dir empfangen haben, und dann hilf uns bitte, sie so zu nutzen, daß andere dadurch gesegnet werden und dir danken.

26. September

Wenn alle Dinge bei Gott möglich sind, dann sind sie auch dem möglich, der an ihn glaubt. Hast du schon an Strömen gestanden, von denen du dachtest, daß du niemals darüber hinwegkommen könntest?

> »Wenn du durch Wasser gehst, will ich bei dir sein, daß dich die Ströme nicht ersäufen sollen...« Jes 43,2

Herr, ich habe keinen großen Glauben, aber wenn ich nur auf deine Verheißungen schaue, denen ich in der Bibel begegne, dann fürchte ich mich nicht.

27. September

Das Kreuz und ein Kompromiß passen nicht zusammen.

> »...nicht mein, sondern dein Wille geschehe...« Lk 22,42

Mache mich willig, mich und mein Leben dir völlig in die Hände zu geben, Herr Jesus.

28. September

Verleumdung bedeutet, einen Menschen ungerechterweise anklagen. Damit nimmt man ihm seinen guten Ruf und verletzt ihn. Die Bibel denkt sehr streng über Verleumdung.

> »Wer seinen Nächsten heimlich verleumdet, den bring ich zum Schweigen.« Ps 101,5

Herr, stelle einen Wächter an meine Lippen und hilf mir, nicht über die Fehler und die Schuld anderer Menschen herzuziehen.

29. September

Klatsch führt zu Kritiksucht und diese tötet die Liebe. Wir alle wissen das. Sich an Klatsch beteiligen, kann für uns zum Fallstrick werden und uns in Verblendung geraten lassen. Klatsch zerstört die Liebe, schlägt die Zeit tot und ist eine Macht, die unwiderrufliche Trennungen verursacht. Das ist nicht Gottes Wille. Wir sind aufgerufen, Gutes zu tun, nicht andere zu verletzen.

> »Weigere dich nicht, dem Bedürftigen Gutes zu tun, wenn deine Hand es vermag.« Spr 3,27

Vater, wie oft haben wir es zugelassen, daß wir auch in Klatschereien hineingezogen wurden. Halte unsere

Augen offen, wenn wir dieser Gefahr nahekommen. Lehre uns, großmütig zu sein.

30. September

Unser herrlicher Erlöser hat nicht nur Vorsorge getroffen, daß Gottes Kinder von der Schuld der Sünde befreit würden. Er hat auch für einen klaren Weg gesorgt, auf dem das Versagen der Seinen jederzeit bekannt und vergeben werden kann, und auf dem sie davon gereinigt werden sollen. Sein Wort lehrt uns, daß ein gehorsamer Christ durch den Glauben den Sieg für sich beanspruchen kann. Er hat die Möglichkeit, näher zu Gott zu kommen, sein Leben immer mehr Gott auszuliefern und dann mit dem Heiligen Geist erfüllt zu werden für jeden Dienst, den er für Gott tun soll.

> »... und ihrer Sünden und ihrer Ungerechtigkeit will ich nicht mehr gedenken ... weil wir denn nun, liebe Brüder, durch das Blut Jesu die Freiheit haben zum Eingang in das Heiligtum ... so laßt uns hinzutreten ...«
>
> Hebr 10,17.19.22

Wir preisen dich, Herr, daß du diesen Weg für uns gebahnt hast – daß du alles tatest, was getan werden mußte, bis du sagen konntest: »Es ist vollbracht«.

Oktober

1. Oktober

Tägliches Gebet:

> »Herr, laß deine Wahrheit uns vor Augen stehn,
> laß in deiner Klarheit Lug und Trug vergehn.
> Gib uns reine Herzen, mach uns kampfbereit
> und zu hellen Kerzen in der Dunkelheit.
> Laß uns selbstlos werden, wende unsern Sinn
> auf der ganzen Erden zu dem Bruder hin.
> Liebe uns erfülle, lenke Herz und Hand,
> weil dein Liebeswille alle Welt umspannt.
> Laß uns in der Stille hören deinen Plan;
> und tun, was dein Wille uns hat kundgetan.
> In die Zeitenwende hast du uns gestellt.
> Hier sind Herz und Hände für die neue Welt.«
>
> Liselotte Corbach

> »...Herr, behüte meinen Mund und bewahre meine Lippen! Neige mein Herz nicht zum Bösen, gottlos zu leben mit den Übeltätern...«
>
> Ps 141,3.4

Ja, Herr, du mußt es selbst tun, aber ich muß bereit sein, dich dein Werk tun zu lassen. Danke für deinen Geist, der mich immer warnen will, wenn ich in Gefahr bin, falsche Wege zu gehen. Danke, Herr, für deinen Sieg.

2. Oktober

Der Satan verschwendet keine Munition auf solche Menschen, die geistlich tot sind, weil sie sich bei Schuld und Sünde nichts mehr denken. Bewußte Christen sind viel eher strategische Ziele für ihn. Ich bin um die ganze Welt gereist und habe gesehen, wie Satan mit wohlgezielten Schlägen die Christen mehr denn je angriff. Welche Freude bedeutet deshalb, daß wir so viele Verheißungen in der Bibel haben. Wir sind heilig, d. h. Gott zugeeignet, erwählt, geliebt, in seiner hohlen Hand geborgen. Wir haben einen lebendigen Erlöser, und Legionen von Engeln stehen um unseretwillen Gott zum Dienst bereit. Wieviel Segnungen stehen uns zur Verfügung!

> »... ergreift die Waffenrüstung Gottes, damit ihr an dem bösen Tag Widerstand leisten und alles überwinden und das Feld behalten könnt.« Eph 6,13

Der Satan ist stark, viel stärker als ich. Danke, Herr, daß du *noch* stärker, viel stärker bist als der Teufel, und daß ich mit dir auch Sieger sein kann. Halleluja!

3. Oktober

Wenn da ein entmutigter Mensch ist – du kannst für ihn beten. Du kannst z. B. beten: »Öffne ihm die Augen, daß er sieht, welcher Schutz ihm zur Verfügung steht.« So oder ähnlich kannst du für ihn bitten, wenn

er ein bewußter Christ ist, wenn er sein Leben an Gott ausgeliefert hat und wenn er mit dem Wort Gottes vertraut ist. In der Bibel sind ja Gottes Wege und Pläne vor uns ausgebreitet.
Wenn dieser Mensch aber noch kein Christ ist, bete: »Herr, leg deine Hand auf seine Augen, daß er erkennen möge, daß er wiedergeboren werden muß, und daß er dann alle seine Sorgen auf dich werfen kann.«

»... seid getrost, ich habe die Welt überwunden.« Joh 16,33

Herr, du kennst den niedergeschlagenen Menschen, um den ich mir Sorgen mache, besser als ich, du liebst ihn. Zeige ihm, daß er sich dir ausliefern darf – muß.

4. Oktober

Ein großes Hindernis für Christen kann es sein, daß sie auf ihre Rechtgläubigkeit vertrauen und sich an ihrem religiösen Wissen genügen lassen. Wenn sie sündigen und schuldig werden, sagen sie: »Wenn wir doch nur ernsthafter und treuer sein könnten!«
Diese Nachfolger Jesu brauchten gar nicht ernsthafter und aufrichtiger zu sein bei ihrem Vorrecht, einen solchen Meister zu haben. Immer noch mehr Anstrengung und Bemühen würde sie nur zu neuem Versagen führen. Sie müssen vielmehr ihrem alten Leben mit seinem bloßen Wissen um Christus sterben und dafür die Gabe einer ganz neuen Gemeinschaft mit ihm empfangen.

> »Darum kennen wir von nun an niemanden mehr nach dem Fleisch; und auch, wenn wir Christus gekannt haben nach dem Fleisch, so kennen wir ihn doch jetzt so nicht mehr.«
>
> 2. Kor 5,16

Herr, wir bitten dich, daß du uns jedesmal, wenn wir unser Versagen ansehen, daran erinnerst, daß wir uns niemals selbst bessern können, so sehr wir uns auch bemühen. Hilf uns, alle natürlichen, in der übrigen Welt geltenden Maßstäbe loszulassen, und ein neues Leben aus dankbarem Herzen zu empfangen.

5. Oktober

Es gibt nur einen richtigen Weg, gegen die Sünde anzukämpfen. Das Geheimnis echter Überwindung liegt im ruhigen Vertrauen auf den Sieg Jesu. Wir dürfen die Sünde um dieses Sieges willen für tot ansehen.

> »Es ist also noch eine Ruhe vorhanden für das Volk Gottes. Denn wer zu Gottes Ruhe gekommen ist, der ruht auch von seinen Werken so wie Gott von den seinen.« Hebr 4,9.10

Herr, du weißt, wie oft ich mich abgemüht habe – immer und immer wieder, doch ohne Erfolg. Danke, daß dein Wort sagt, daß wir dir immer vollkommen vertrauen können.

6. Oktober

Ein König gab seinem Hofnarren einen kleinen goldenen Stab und sagte: »Behalte diesen Stab, bis du einen Menschen findest, der ein noch größerer Narr ist als du. Dem gib ihn dann.«

Einige Zeit später kam der Narr wieder zu dem König, der aber schon im Sterben lag.

»Ich gehe auf eine lange Reise, in ein weit entferntes Land«, sagte der König.

Der Narr meinte: »Aber ich sehe keine Koffer und sonstigen Gepäckstücke. Hast du gar keine Vorbereitungen getroffen?«

»Nein«, antwortete der König, »Ich habe weder eine Wohnung reservieren lassen noch andere Vorbereitungen getroffen.«

Da gab der Narr ihm den goldenen Stab zurück und sagte: »Jetzt habe ich einen gefunden, der ein noch größerer Narr ist als ich!«

> »Denn die Torheit Gottes ist weiser, als die Menschen sind, und die Schwachheit Gottes ist stärker, als die Menschen sind.« 1. Kor 1,25

Herr, ich weiß, daß ich eines Tages die Welt verlassen muß. Willst du mir bitte sagen, wie ich mich darauf vorbereiten muß?

7. Oktober

Wir sind niemals allein. Wir haben seine Verheißung, und wir brauchen uns keine Sorgen zu machen. Durch die Kraft des Heiligen Geistes kann es geschehen, daß wir zu seiner Ehre leben. Jesus ist die Tür zu einem sieghaften Leben. Hast du auch heute deine Hand in seine gelegt? Du mußt es an jedem neuen Tag wieder tun. Er liebt dich, und er möchte dich führen. Schau auf ihn!

> »Wahrlich, das ist Gott, unser Gott für immer und ewig. *Er* ist's, der uns führet.« Ps 48,15

Herr Jesus, danke, daß du bei uns bist, in welchen Situationen und äußeren Umständen wir uns auch befinden, und welche Prüfung uns auch auferlegt ist. Danke, daß wir darin nicht untergehen oder überwunden werden müssen, wenn deine Hand uns hält und führt. Danke, daß deine Gnade uns umgibt.

8. Oktober

Wenn du in einen pechschwarzen Raum hineinkommst, kannst du nichts erkennen. Mit den Händen kannst du höchstens einen Stuhl oder Tisch oder eine Tür ertasten. Doch in dem Augenblick, wo das Licht eingeschaltet wird, siehst du plötzlich alle Einzelheiten mit deinen Augen.
Der Glaube ist das Licht, das uns die Realität des Sie-

ges und der Liebe Jesu erkennen läßt. Und es ist der Heilige Geist, der uns den Glauben schenkt.

> »Und Gott sprach: Es werde Licht! Und es ward Licht.« 1. Mose 1,3

Herr, ich bin in der Dunkelheit gewesen. Ich sah gar nichts um mich her, aber ich fühlte etwas – und auf jeden Fall fühlte ich mich unglücklich. Mach es in mir hell, daß ich die Dinge in der Nähe und in der Ferne erkennen kann.

9. Oktober

Wo lebst du? Im Tal deiner Unzulänglichkeit oder auf dem Berg der Vollkommenheit Gottes? Lebst du im Tief des »Ich kann nicht«, oder im Bereich des Hochs »Gott kann«. Ständige Niederlagen sind nicht die normale Erfahrung für einen Christen. Wir sollen Überwinder sein.

> »Und nun befehle ich euch Gott und dem Wort seiner Gnade, der da mächtig ist, euch zu erbauen und euch das Erbe zu geben mit allen, die geheiligt sind.« Apg 20,32

Herr, danke, daß du in der Lage und willig bist, das Werk in uns und durch uns zu tun, auch wenn wir unfähig sind.

10. Oktober

Für einen Nachfolger Jesu ist die Kombination von Stolz und Christentum, von Selbstgenügsamkeit und Christentum, von Unversöhnlichkeit und Christentum, von ständigem Rückfall und Christentum eine unmögliche Sache. Jesus nimmt es sehr ernst mit seiner Anweisung an alle anständigen und unanständigen Sünder.

»... geh hin und sündige hinfort nicht mehr.«
Joh 8,11

Vater, wir bitten, daß dein Geist unseren Geist erleuchten und uns jeden Kompromiß zeigen möge, den wir eingehen. Lehre uns, wie wir in deinem Licht leben können.

11. Oktober

Wenn du dich mit dem Leben Jesu beschäftigst, siehst du immer wieder, daß er in allen Lagen Sieger bleibt. Er sieht eine hungrige Menge und speist sie. Immer wird er mit den Problemen fertig, die Menschen vor ihn bringen. Dreimal weckt er einen Toten auf. Wie war dies alles möglich? Nicht *nur,* weil er Gottes Sohn war, sondern weil der Heilige Geist ihn erfüllte. Denn obwohl er Gottes Sohn war, war er auch Mensch und als solcher dem Hunger und allen möglichen Versuchungen unterworfen. Doch der Geist ließ ihn über alles triumphieren!

»... der da treu ist dem, der ihn gemacht hat... Christus aber war treu als Sohn über Gottes Haus...« Hebr 3,2.6

Und Herr, weil derselbe Geist in uns wirkt, können wir auch treu und siegreich sein. Herr, hilf uns, daß wir uns nicht hinter falschen Entschuldigungen verstecken.

12. Oktober

In dem Augenblick, wo du die dunklen Mächte überwindest, wirst du ein strategisches Ziel für sie. Deshalb mußt du wissen, wie du auf dem Boden des Sieges bleiben kannst. Denke daran, daß du mit Jesus Überwinder sein kannst. Wenn sie dich angreifen, bitte um den Schutz durch das Blut Jesu. Warte nicht, bis du das verstehst, gehorche nur.

»Und sie haben ihn überwunden durch des Lammes Blut und durch das Wort ihres Zeugnisses...« Offb 12,11

Heiliger Geist, lehre mich, wie ich in der Kraft Jesu siegreich kämpfen kann.

13. Oktober

Wenn wir auf den Feind, den Satan hören, der die Heiligen Tag und Nacht verklagt, sehen wir uns selbst als Sklaven und Gefangene der Sünde – ohne Hoffnung. Doch das Tor aus diesem Gefängnis ist offen. Komm heraus, tritt in das Reich der Freiheit.

»... Ich bin die Tür ...« Joh 10,7

Danke, Herr Jesus, daß ich meine Hand in deine legen darf, und daß du mich frei machst. Halleluja!

14. Oktober

Im Herzen eines jeden gläubigen Menschen wächst eine intensive Sehnsucht nach dem Sieg über die Sünde und nach Kraft zum Dienst im Namen Gottes. Es ist undenkbar, daß der Herr, der eine vollkommene Erlösung geschaffen hat, nicht Vorsorge trifft für alle Nöte seiner Kinder. Es muß einen Weg zu Reinheit und Kraft geben. Aber wie wenig Menschen machen sich die Verheißung Jesu zu eigen:

»Wer an mich glaubt ... von dessen Leib werden Ströme lebendigen Wassers fließen.« Joh 7,38

Herr, ich glaube an dich. Erfülle du meine Sehnsucht nach einem Leben in deiner Kraft.

15. Oktober

Es ist ein Trick des großen Lügners, daß er uns vorhält, daß wir immer noch sündigen, wenn wir auf alle Bedingungen Gottes zum Bekennen der Sünde und

zur Beanspruchung der Fülle des Heiligen Geistes eingegangen sind.
Gottes Treue und Wahrheit sind die Garanten unserer Vergebung, wenn das Blut Jesu Christi uns von aller Sünde reinigt, die wir bekennen. Sein Blut reinigt allerdings *nicht,* wenn wir Entschuldigungen vorbringen. Wir müssen uns mit unserem Leben und unserem Tun völlig ausliefern.

> »(zu denen ich dich sende) ... um ihnen die Augen aufzutun, daß sie sich bekehren von der Finsternis zum Licht und von der Gewalt des Satans zu Gott. So werden sie Vergebung der Sünden empfangen...« Apg 26,18

Vater, ich danke dir, daß du es uns möglich machst, von der Macht des Satans befreit zu werden und Vergebung der Sünden zu empfangen. Möge unser Leben ein Beweis dafür sein. Wir bitten dich, daß diejenigen, die dich bis heute noch nicht kennen, zu dir gezogen werden.

16. Oktober

Haben Schuldgefühle einen Sinn? Ja, unbedingt. Sie sollen uns zu Jesus bringen. Das sollte bei jedem Schuldgefühl so sein.

> »... daß, wenn uns unser Herz verdammt, Gott größer ist als unser Herz und erkennt alle Dinge.« 1. Joh 3,20

O Herr, danke, daß du auch mich gerufen hast. Danke, daß ich alle meine Schuldgefühle zu dir bringen kann. Danke, daß du mich reinigst.

17. Oktober

Bau dir nicht eine Leiter von guten Werken, um damit den Himmel zu erreichen. Der Himmel ist sehr weit weg von »guten Leuten«. Für einen Sünder aber braucht es nur einen Schritt, um hineinzukommen.

> »... Ich bin gekommen, die Sünder zu rufen und nicht die Gerechten ...« Mk 2,17

Herr Jesus, danke, daß ich zu dir kommen darf, weil du Sünder wie mich gerufen hast. Danke für deine große Liebe.

18. Oktober

Jesus starb an unserer Stelle, damit wir Vergebung empfangen können. Er lebt, damit wir wissen sollen, was Befreiung ist. Ich brauche die Vergebung meiner Schuld. Und ich brauche die Befreiung von der *Macht* der Sünde. Gottes Geist gibt mir beides.

> »Denn Gott hat uns nicht gegeben den Geist der Furcht, sondern der Kraft ...« 2. Tim 1,7

Herr, wie sehr mußt du mich lieben, daß du willig warst, auch für mich zu sterben!

19. Oktober

Manche Menschen sagen, daß sie eine Sünde begangen haben, die so groß ist, daß sie sie nicht vor Gott bringen können, oder daß er sie auf jeden Fall nicht vergeben und vergessen könnte. Aber es gibt überhaupt keine Sünde, die so groß ist, daß wir damit nicht zu Jesus gehen könnten. Wer zu ihm kommt, den weist er niemals hinaus. Der erste Schritt ist immer der zu Jesus hin, von der Sünde weg – in seiner Kraft. Dann werden wir gereinigt und geheiligt.

> »Denn das ist der Wille Gottes, eure Heiligung . . .« 1. Thess 4,3

Ich brauche deine Hilfe, Herr, um mich von der Sünde abzuwenden. Danke, daß es in deiner Kraft möglich ist. Ich sehne mich danach, geheiligt zu werden.

20. Oktober

Weil Satan uns so oft angreift, müssen wir die Sünde auch oft bekennen. Unabhängig davon, wie alt ein Mensch ist, oder wie lange er schon im Namen Jesu gepredigt hat, hat er es nötig, immer wieder seine

Sünden zu bekennen und um Vergebung zu bitten. Wenn wir Jesus nachfolgen, macht er uns auch für die kleinste Sünde sensibel, die sich zwischen ihn und uns stellt. So oft das vorkommt, können wir sofort zu ihm gehen und diese Sünde vor ihm niederlegen.

> »Wenn wir unsere Sünden bekennen, so ist er treu und gerecht, daß er uns die Sünden vergibt...« 1. Joh 1,9

Herr, mache uns zunehmend wach für alles, was sich zwischen dich und uns stellen will. Danke, daß wir in jedem Fall, wo es trotzdem geschieht, zu dir gehen und mit dir darüber sprechen können. Danke, daß du immer zur Vergebung bereit bist.

21. Oktober

Der Satan verklagt uns Tag und Nacht. Er liebt es, uns zu entmutigen, weil wir dann nicht stark sein können. Doch das Wort Gottes ermahnt uns immer wieder: »Seid stark in dem Herrn.« Der Herr kann uns diesen Befehl geben, weil er selbst uns seine Kraft gibt.
Sobald wir erkennen, daß eine Sünde in unserem Herzen ist, müssen wir sie dem Herrn bringen, weil eben diese Sünde uns unsicher und schwach macht. »... eure Verschuldungen scheiden euch von eurem Gott ...« (Jes 59,2). Aber wenn wir unsere Sünden bekennen, will er uns vergeben und sein Angesicht auf's neue über uns leuchten lassen. Wir müssen *wissen,* daß es wirklich wahr ist:

»... das Blut Jesu, seines Sohnes, macht uns rein von aller Sünde.« 1. Joh 1,7

Vater, laß uns mehr und mehr die wunderbare Kraft des Blutes Jesu erkennen.

22. Oktober

Im Bereich der Theologie möchte man wissen, *woher* die Sünde kommt. Jesus sagt uns, *wie wir* davon *frei werden können.* Wir werden die Welt nicht mit Theologie überwinden. Das Wissen, daß Jesus die Sünde und alle Kraft des Bösen besiegt hat, als er am Kreuz starb, das wird uns zu Überwindern machen.

»Denn alles, was von Gott geboren ist, überwindet die Welt; und unser Glaube ist der Sieg, der die Welt überwunden hat. Wer ist es aber, der die Welt überwindet, wenn nicht der, der glaubt, daß Jesus Gottes Sohn ist?«
1. Joh 5,4.5

O Herr, wir danken dir, daß es möglich ist, ein Leben des Sieges zu führen, weil wir wissen und glauben, daß du der Sohn Gottes und der Sieger bist!

23. Oktober

Wer zu Jesus kommen will, muß es in der rechten Haltung tun. Er muß wissen, daß er Erlösung braucht, weil er ein Sünder ist. Nur der Heilige Geist überzeugt von Sünde. Und wir haben dabei nur mit unserer eigenen Sünde zu tun, nicht mit der von anderen.

> »Erforsche mich, Gott, und erkenne mein Herz; prüfe mich und erkenne, wie ich's meine. Und sieh, ob ich auf bösem Wege bin, und leite mich auf ewigem Wege.« Ps 139,23.24

Vater, ich bitte auch darum, daß du mein Herz prüfst und mir zeigst, ob es da etwas gibt, das mich veranlaßt hat, nicht in deinen Wegen zu wandeln. Du kennst meine Gedanken, auch die, die ich lieber verstecken möchte. Mache mich willig dafür, daß dein Geist an mir arbeitet.

24. Oktober

Wir brauchen eine klare Schau, aber unsere Sünden hindern uns oft daran. Sie verwirren unseren Blick. Wer auf die Wiederkunft Jesu wartet, sollte sensibel sein für den kleinsten Schatten, der zwischen seinen Meister und ihn gefallen ist ... Und er sollte nicht ruhig werden, bis er wieder eine klare Sicht der Dinge hat. Dabei müssen wir erkennen, daß das nicht bedeutet, uns abzumühen, um selbst immer besser zu werden. Wir müssen auf Jesus schauen, unsere Hoffnung. Er ist der Herr, der uns heiligt. Sein Heiliger Geist gibt uns alles, was wir brauchen.

»Die Frucht aber des Geistes ist Liebe, Freude, Friede, Geduld, Freundlichkeit, Güte, Treue, Sanftmut, Keuschheit...« Gal 5,22.23

Danke, Herr, daß du uns heiligst. Danke für deinen Heiligen Geist, der uns nicht nur gibt, was wir brauchen, sondern der auch die Frucht in unserem Leben hervorruft, die dir wohlgefällt.

25. Oktober

Wenn Jesus in unserem Herzen einzieht und darin regiert, sieht man plötzlich alle nicht bekannten Sünden sehr deutlich. Aber dann kommt mit ihm ein reinigender Springquell in unser Leben, der uns befreit, alle Schuld wegnimmt und uns eine neue Sichtweise gibt.

»Nahe dich zu meiner Seele und erlöse sie...« Ps 69,19

Danke, Herr Jesus, daß du willig bist, in meinem Herzen zu leben. Welch ein Wunder ist das doch! Du in meinem Herzen!

26. Oktober

Wir oft müssen wir beten: »Gott sei mir gnädig nach deiner Güte und tilge meine Sünden nach deiner großen Barmherzigkeit« (Ps 51,3). Aber dann können wir hinzufügen:

> »Erfreue mich wieder mit deiner Hilfe...«
> Ps 51,14

O Vater, wie groß sind deine Liebe und Gnade. Wie dankbar sind wir dir, daß du unsere Verfehlungen wegwischst und die Freude über deine Erlösung in uns neu aufflammen läßt.

27. Oktober

Gott läßt uns in seine Geheimnisse hineinschauen. Wir wissen etwas von ihnen, weil Gott seinen Geist gesandt hat, damit er uns darüber informiert. Sein Heiliger Geist erfüllt uns und zeigt uns die tiefsten Wunder Gottes.

> »...Was kein Auge gesehen hat und kein Ohr gehört hat und in keines Menschen Herz gekommen ist, was Gott bereitet hat denen, die ihn lieben.« 1. Kor 2,9

Himmlischer Vater, wie sehr mußt du uns lieben, daß du bereit warst, die Geheimnisse mit uns zu teilen, die denen verborgen bleiben, die dich nicht lieben. Hilf uns, daß wir eine solche Liebe nicht beiseite schieben.

28. Oktober

Gott nimmt uns nichts weg. Er gibt immerzu. Wenn ich mir unbedingt etwas für mich selbst wünsche, und der Herr verhindert die Erfüllung dieses Wunsches, heißt das nicht, daß er mir etwas wegnimmt. Es bedeutet vielmehr, daß er mich bittet, mich von einer Sache oder einem Menschen abzuwenden, von denen er nicht will, daß ich mich damit befasse. Dann hat er ein weit größeres Ziel für mich im Auge.

> »... Du Menschenkind, sieh her und höre fleißig zu und merke auf alles, was ich dir zeigen will; denn dazu bist du hierher gebracht, daß ich dir dies zeige ...« Hes 40,4

Vater, danke, daß du einen Plan für mein Leben hast. Ich traue dir zu, daß du ihn auch ausführen wirst. Und weil du mich liebst, weiß ich, daß du nur das tun wirst, was zu deiner Ehre gereicht.

29. Oktober

Gottes Fülle steht uns zur Verfügung, wenn wir ihm dienen.

> »... aber ihr werdet die Kraft des Heiligen Geistes empfangen ... und werdet meine Zeugen sein ...« Apg 1,8

Danke Herr, für diese Verheißung. Hilf uns, treue Zeugen zu sein, die mit deiner Kraft erfüllt sind.

30. Oktober

Schau nicht auf die Menschen, die verkehrt handeln. Es ist Gott, der es erlaubt, daß du diese Schwierigkeiten durchstehen mußt. Wenn du im Zentrum des Willens Gottes verbleibst, kannst du es so annehmen, daß für dich alles aus seiner liebenden Hand kommt.

> »... daß ihr ... gestärkt werdet mit aller Kraft durch seine herrliche Macht zu aller Geduld und Langmut ...« Kol 1,11

Heiliger Geist, löse meinen Blick von mir selbst, von anderen Menschen und von meinen Problemen und richte ihn geradewegs auf Jesus.

31. Oktober

Gott will uns im Leben den Status geben, der für uns am besten ist. Und weil er der Herr unseres Lebens ist, können wir ihm danken für alles, was er uns zuweist, ob es nun eine Ehe und Familie ist oder das Alleinsein. Er allein weiß, in welchem Stand wir ihm am besten dienen können. Und ist das nicht der Wunsch unseres Herzens?
Diejenigen, die Gott zum Alleinsein beruft, können in diesem Stand glücklich und zufrieden sein. Dieses

Leben ist eine besondere Gabe. Dies Glück und diese Zufriedenheit sind die Bestätigung dafür, daß es sich um einen Plan Gottes handelt.

> »... Denn unser Herz freut sich seiner, und wir trauen auf seinen heiligen Namen...«
>
> Ps 33,21

Vater, hilf uns, die Freude, die du uns schenkst, mit anderen zu teilen. Wir wissen, daß du unser Leben nach deinem Willen lenkst und uns bei allem deinen Frieden schenken willst. Laß andere etwas von deiner Liebe und Größe spüren innerhalb der Umstände, in denen du uns zu leben erlaubst.

November

1. November

Wenn irgendein Körperteil verletzt ist, verursacht der Schmerz Spannungen, und die Spannungen ihrerseits verursachen neue Schmerzen. Das gleiche gilt für Ärger und Verstimmung. Ein Sonnenbad in Vergebungsbereitschaft bringt uns Frieden und Freude.

> »...Denn des Menschen Zorn tut nicht, was vor Gott recht ist.« Jak 1,20

Vater, bewahre uns davor, zornig zu werden. Schenk uns deine Liebe zu denen, die uns mit Absicht Böses antun, und mach ihnen deine Liebe bewußt.

2. November

Was ist das Geheimnis der Vergebung? Es reicht nicht, einfach nur auszusprechen: »Ich vergebe dir.« Du mußt das auch ausleben. Das heißt, daß du handeln mußt, als ob die Sünden der betreffenden Menschen – ebenso wie deine eigenen – in den tiefsten Tiefen des Meeres begraben sind. Wenn Gott sich nicht mehr daran erinnert, solltest du es auch nicht tun. Der Grund, warum die Verstimmungen auf's neue bei dir auftauchen, ist der, daß du dich gedanklich immer wieder damit beschäftigst. Bitte, vertrau Gott all deine Gedanken über diese Dinge an. Er wird dein Denken erneuern.

»... Und ihrer Sünden und ihrer Ungerechtigkeit will ich nicht mehr gedenken.« Hebr 10,17

Himmlischer Vater, wie groß ist deine Liebe, daß du um Christi willen nicht mehr an unsere Sünden gedenken willst!

3. November

Der Himmel ist ein vorbereiteter Platz für Menschen, die ihrerseits auch auf diese neue Umgebung vorbereitet sind. Theologie unter der Führung des Heiligen Geistes ist eine wunderbare Wissenschaft, aber in den Händen ungläubiger Menschen kann sie tödlich sein. Hören wir dann doch lieber auf den schlichten Glauben derer, die nur die Bibel lesen und nur auf Gott vertrauen. Sie kümmern sich nicht darum, daß es Theologen gibt, die sagen, der Himmel sei nur ein Märchen. Wer Jesus gefunden hat, weiß, daß der Himmel existiert.

»... Ich gehe hin, euch die Stätte zu bereiten.« Joh 14,2

Wie wundervoll ist es doch, lieber Herr, daß du schon dorthin gingst, einen Platz für mich vorzubereiten. Hilf mir, in solch einer Weise zu leben, daß ich einmal vollständig darauf vorbereitet bin, wenn meine Zeit gekommen ist, wo ich gehen soll.

4. November

Hast du schon einmal über die Tatsache nachgedacht, daß wir eines Tages alle vor Gott erscheinen müssen? Und ist dir je der Gedanke gekommen: »Wer wird dieser Begegnung standhalten? Was ist dann mit meiner Schuld?«
Es stimmt schon: Mit der Sünde muß man sich befassen, *bevor* wir zu Gott kommen und Gemeinschaft mit ihm haben können. Gott selbst hat sich allerdings bereits mit der Sünde befaßt. Sein Sohn Jesus Christus gab sein Leben als Lösegeld, und dann schloß Gott, aufgrund seiner eigenen Treue, einen neuen Bund mit den Menschen.

> »Denn ich will gnädig sein ihrer Ungerechtigkeit, und ihrer Sünden will ich nicht mehr gedenken.« Hebr 8,12

Vater, ich danke dir für dein Versprechen. Ich danke dir, daß du das tun willst, weil dein Wort sagt, daß du niemals eine Lüge aussprichst und auch niemals bereust, was du einmal verheißen hast.

5. November

Bist du von neuem geboren? Wenn ein Kind auf die Welt kommt, ist das bei den Eltern ein Anlaß großer Freude. Das Baby schreit zwar viel, aber wir, die wissen, was leben heißt, trösten es: »Kind, warum weinst du denn? Du bist nun auf der Welt und du hast ein Leben empfangen, das du ausleben sollst.«

> »... Es sei denn, daß jemand von neuem geboren werde, so kann er das Reich Gottes nicht sehen.« Joh 3,3

Wir danken dir, Herr, daß wir wiedergeboren werden und neues ewiges Leben empfangen, wenn wir zu dir kommen und dich als unseren Herrn und Erlöser annehmen.

6. November

Hast du Jesus schon als deinen Erlöser angenommen? Das ist eine großartige Erfahrung. Wenn jemand sich bekehrt und zu Jesus »ja« sagt, ist das allerdings nicht das Ende des Prozesses, sondern erst der Anfang. Du hast damit das Tor zu einem neuen Leben durchschritten. Dort wirst du vollkommene Freude und Freiheit finden. Mach dir nicht allzu viele Gedanken darüber, was Christen tun und nicht tun sollten. Du kannst diese Fragen getrost dem Heiligen Geist überlassen. Er wird es dir zeigen. Wir haben den Schritt ja nicht zu einer neuen Religion oder einer Doktrin getan, sondern zu einer Person: zu Jesus Christus.

> »... Jetzt aber in Christus Jesus seid ihr, die ihr einst Ferne ward, Nahe geworden durch das Blut Christi.« Eph 2,13

Danke, Herr, daß die Kraft deines Blutes noch die gleiche ist, und daß sie jeden auch weiterhin reinigt und schützt, der zu dir kommt.

7. November

Es gibt Christen, denen muß noch aufgehen, daß Jesus außen vor ihrer Herzenstür steht. Bist du ein Christ? Lebt Jesus *in* deinem Herzen? Er klopft an. Gewähre ihm Einlaß!

> »Siehe, ich stehe vor der Tür und klopfe an. Wenn jemand meine Stimme hören wird und die Tür auftun, zu dem werde ich hineingehen . . .«
>
> Offb 3,20

Ja, Herr, komm herein und habe du Gemeinschaft mit mir. Ich erkenne, daß ich mich viel zu schnell zufrieden gegeben habe. Komm du nun wirklich in mein Herz und laß uns zusammen das Abendmahl halten. Welch eine Freude wird das sein!

8. November

Oft denken die Menschen, eine vollzeitliche Arbeit für den Herrn, z. B. als Missionar oder Pastor oder Evangelist, sei eine Frage der Begabung. Und weil sie in dieser Hinsicht keine speziellen Gaben haben, glauben sie, nichts tun zu können. Aber in Wirklichkeit ist »Arbeit für den Herrn« viel mehr eine Frage der Verfügbarkeit des Menschen für Gott. Wir sind alle aufgerufen, unseren Anteil daran zu akzeptieren. Gott hat jedem von uns eine Gabe geschenkt. Es gehört zu unserer Verantwortlichkeit, diese Gabe zur Verfügung zu stellen. Was jedes Kind Gottes auf alle Fälle tun kann, ist beten. Wie schwach oder jung oder alt wir auch sind – beten können wir immer. Und es kann durchaus sein, daß das Gebet in Gottes Augen das Wichtigste ist bei allem Werk für ihn.

> »Betet ohne Unterlaß ...« 1. Thess 5,17

Herr, wir wissen nicht, wie wir beten sollen und wofür wir bitten sollen. Lehre uns zu beten und mach du uns treu, so daß wir an unserem Teil an deinem Werk mitwirken können.

9. November

Gebet wird geheiligt durch den Namen Jesu. Deshalb laßt uns diesen Namen gebrauchen! Es ist der mächtigste Name im Himmel und auf Erden.

> »... Wenn ihr den Vater um etwas bitten werdet in meinem Namen, wird er's euch geben. Bisher habt ihr um nichts gebeten in meinem Namen ...« Joh 16,23.24

Herr Jesus, es stimmt, daß ich von mir aus nicht zum Vater kommen kann. Du hast uns aber gesagt, daß wir allezeit in deinem Namen zu ihm gehen können. Wie sehr danken wir dir dafür!

10. November

Im Gebet auf Jesus schauen ist eine segensreiche Übung. Beten, ohne auf ihn zu hören, gleicht dem Versuch eines Menschen, einem anderen Fragen zu stellen und, ohne auf eine Antwort zu warten, wieder wegzugehen.
Wir brauchen dazu eine gewisse Übung. Wir haben schon so oft gebetet, ohne dabei auf Gott zu hören, daß wir die Antwort gar nicht immer sofort vernehmen. Dann aber bleibt uns nichts anderes übrig, als auf den Herrn zu warten. Dieses Warten ist schon ein Segen in sich selbst.

> »... die auf den Herrn warten, kriegen neue Kraft...« Jes 40,31

Herr, lehre mich zu beten, und lehre mich zu hören und deine manchmal leise, behutsame Stimme zu verstehen.

11. November

Der Feind hält es für besonders wichtig, unser Gebetsleben durch Kleinglauben, Mangel an Zeit und durch Zweifel zu zerstören. Wir sollten wissen, daß Gebetslosigkeit für ein Kind Gottes Sünde ist. Doch wir können diese Sünde bekennen und davon gereinigt werden.

»... Ich sprach: Ich will dem Herrn meine Übertretungen bekennen. Da vergabst du mir die Schuld meiner Sünde...« Ps 32,5

Herr, hab Dank für deine Treue. Danke für deine Vergebung und unsere Reinigung. Mache uns immer wieder neu willig, unsere Schuld zu bekennen.

12. November

Gebetsarmut ist Sünde. Sie ist wie eine kriechende Lähmung, die mit der Vernachlässigung des Betens beginnt und mit völliger Gebetslosigkeit endet. Durch die Gleichgültigkeit im Hinblick auf das Gebet wird der Christ die Beute von hundert anderen Stimmen.

»... ihr werdet mich anrufen und hingehen und mich bitten, und ich will euch erhören.«
Jer 29,12

Vater vergib mir, daß ich nicht immer in ständigem Kontakt mit dir geblieben bin und zugelassen habe, daß andere Dinge mich beschlagnahmt und mich von dir weggezogen haben. Wie groß ist deine Gnade, daß ich wieder zu dir kommen darf, und daß du mir zuhören willst.

13. November

Bleiben deine Gebete ohne Antwort? Du darfst ganz fest davon überzeugt sein, daß dein liebender Vater immer hört, wenn eines seiner Kinder mit einer Bitte zu ihm kommt. Gott gewährt nicht immer, was wir erbitten, weil *er* vieles weiß, was *wir* nicht wissen. Er sieht zu jeder Zeit die Dinge von seiner Warte aus! Eines Tages werden wir das auch dürfen.

> »Wir wissen aber, daß denen, die Gott lieben, alle Dinge zum Besten dienen ...«
>
> Röm 8,28

Vater, ich danke dir für jedes beantwortete und auch für jedes nicht beantwortete Gebet.

14. November

Während einer Zeit, in der ich nicht das tun konnte, was ich mir so sehr wünschte, wurde mir meine Unfähigkeit zu einer schweren Last. Doch ich wußte, daß der Herr sein Werk nicht liegen lassen würde, und ich konnte ihm dafür danken.
Eines Abends tauchten immer wieder folgende zwei Gedanken in mir auf: »Morgen muß ich weitermachen!« und »Ab morgen habe ich die Erlaubnis, in meiner Arbeit fortzufahren!« Welch ein Trost ist es doch, wenn man eine Sache wieder einmal von Gottes Seite her sehen darf!

»... der in euch angefangen hat das gute Werk, der wird's auch vollenden bis an den Tag Christi Jesu.« Phil 1,6

Herr, bewahre uns vor dem Gedanken, wir hätten das Ziel schon erreicht. Mache uns willig, unsere Herzen zu öffnen, wenn du uns prüfst und erforschst. Hilf, daß vergangene oder gegenwärtige Probleme uns nicht einengen, sondern laß uns unseren Weg in der Kraft des Heiligen Geistes weitergehen.

15. November

Bist du ein Zeuge für den Herrn? Ich finde in der Bibel keinen Anhaltspunkt für sogenannte »Stille im Lande«.

»Was ich euch sage in der Finsternis, das redet im Licht; und was euch gesagt wird in das Ohr, das predigt auf den Dächern. Und fürchtet euch nicht vor denen, die den Leib töten, doch die Seele nicht töten können ...«
Mt 10,27.28

Herr, vergib mir, daß ich zu ängstlich war, um dein Zeuge zu sein. Mach mich durch deine Kraft zu einem Überwinder.

16. November

Es ist nicht von Bedeutung, wieviel *ich* für Jesus tun kann, sondern wieviel *er* durch mich tun kann.

»Ich will euch zu Menschenfischern machen.«
Mk 1,17

Herr, wie sehr habe ich es nötig, auf dich zu schauen und nicht auf Menschen. Wende du meinen Blick durch den Heiligen Geist in die rechte Richtung.

17. November

Viele Atheisten reden eine deutliche Sprache, während viele Christen so schweigsam sind wie die Mündung des MacKenzie-Flusses, der drei Viertel des Jahres von Eis bedeckt ist. Es mag wahr sein, daß es mit dem Teufel »aus und vorbei« ist, aber nachdenkliche Menschen würden gern wissen, wer denn das Geschäft eigentlich weiterführt. Doch er ist tatsächlich ein besiegter Feind, seit Jesus kam, um sein Werk zu zerstören. Wir überwinden seine Angriffe durch das Blut des Lammes und den Namen Jesu. Die auf unserer Seite stehen, sind viel mehr und stärker als die, die gegen uns sind. Auf unserer Seite steht ein mächtiger Hoherpriester und Legionen von Engeln.

»... Denn worin er selber gelitten hat und versucht worden ist, kann er helfen denen, die versucht werden.« Hebr 2,18

Herr, mach mich durch deinen Heiligen Geist zu einem fröhlichen Zeugen für dich, der verständlich redet.

18. November

Menschen für Christus zu gewinnen ist eine Aufgabe und ein Vorrecht, von dem kein glaubender Mensch befreit ist. Zeuge Christi zu sein ist die größte Aufgabe in der ganzen Welt. Es ist das Werk, das Christus am meisten ehrt, das dem Glaubenden selbst am meisten Freude macht und das in seinen segensreichen Auswirkungen für die, die gewonnen werden, zur großen Wohltat wird.

> »...Gehet hin in alle Welt und predigt das Evangelium...« Mk 16,15

Herr, mach mich sensibel für die Nöte der Menschen, denen ich begegne, daß ich weiß, wann ich zu ihnen von dir reden kann, so daß sie dich persönlich kennenlernen.

19. November

Der beste Weg, andere Menschen zu erreichen, ist, so einfach wie möglich zu sagen: »Ich war blind. Aber nun kann ich sehen.«

> »Der Herr macht die Blinden sehend...« Ps 146,8

Ich preise dich, Herr, daß du meine blinden Augen geöffnet hast, und daß ich jetzt sehen kann. Ich wünsche mir, daß andere die Veränderung in meinem Leben sehen und dadurch zu dir gezogen werden.

20. November

Das Evangelium ist kein Geheimnis, das irgendwo im Safe aufbewahrt werden sollte, sondern eine Botschaft, die verkündigt werden muß. Bist du durch Christus erlöst? Bist du davon überzeugt, daß das die wichtigste Sache der Welt ist? Wenn das so ist, was ist dann mit denen, die du jeden Tag triffst? Behältst du alles nur für dich, oder tust du das, was die Hirten von Bethlehem taten, als der Engel ihnen die Nachricht von der großen Freude brachte?

> »... du aber geh hin und verkündige das Reich Gottes.« Lk 9,60

Herr, vergib mir, wenn ich denke, daß ich die gute Nachricht von der Erlösung für mich selbst behalten kann. Zeige mir, wem ich sie vielleicht heute weitergeben soll.

21. November

Die Wahrheit der Bibel wird heutzutage nur sichtbar an den Männern und Frauen, die behaupten, Christen zu sein. Bist du, bin ich ein Beweis für die Wahrheit der biblischen Aussagen?

»Tut alles ohne Murren und Zweifel, damit ihr ohne Tadel und lauter seid, Gottes Kinder, ohne Makel mitten unter einem verdorbenen und verkehrten Geschlecht, unter dem ihr scheint als Lichter in der Welt...« Phil 2,14-16

O Herr, laß uns Männer und Frauen sein, die alles, was ihnen vor die Füße kommt, mit willigem und fröhlichem Herzen tun, damit denen, die dich noch nicht kennen, eine Sehnsucht erwächst, auch zu dir zu gehören.

22. November

Die Welt liest die Bibel nicht, aber sie liest dich und mich. Sieht sie, daß dein Glaube wächst, wie er es bei Petrus tat, daß du innerlich glühst wie Stephanus und dich auf den Weg machst wie Paulus? Wenn es nicht so ist, dann bitte Gott, dich in einen Menschen umzugestalten, an dem die Welt sieht, was er aus einem Leben machen kann, das ihm geweiht ist.

»Nicht daß wir tüchtig sind von uns selber, uns etwas zuzurechnen als von uns selber; sondern daß wir tüchtig sind, ist von Gott...«
2. Kor 3,5

Vater, danke, daß wir uns nicht selbst zwingen und antreiben müssen, etwas Besonderes zu sein und zu tun. Danke, daß du in uns das bewirken willst, was dir gefällt. Mache uns willig, dich das tun zu lassen, was du für nötig hältst.

23. November

Wir sind aufgerufen, Gottes Botschafter zu sein, seine Missionare, das Licht der Welt in einer Zeit, in der Chaos und große Dunkelheit herrschen. Und wenn wir sehen, wie Verwirrung und Finsternis um uns herum immer größer werden, dann bedeutet das, daß auch unsere Verantwortung wächst.

> »...So sind wir nun Botschafter an Christi Statt, denn Gott ermahnt durch uns; so bitten wir nun an Christi Statt: Laßt euch versöhnen mit Gott!« 2. Kor 5,20

Herr Jesus, hilf uns, wachsam zu bleiben und am Gebet anzuhalten. Gib, daß wir in der Lage sind, die Nöte anderer Menschen zu erkennen und hinzugehen und ihnen zu helfen, indem wir sie auf dich hinweisen.

24. November

Was macht Gott mit Menschen, die niemals etwas vom Evangelium gehört haben? Was machst du mit ihnen? Wie sollen die Heiden gerettet werden, wenn sie die Botschaft von Gottes Liebe niemals zu hören bekommen? Solltest du sie ihnen vielleicht bringen?

> »Wie sollen sie aber den anrufen, an den sie nicht glauben? Wie sollen sie aber an den glauben, von dem sie nichts gehört haben? Wie sollen sie aber hören ohne Prediger?«
> Röm 10,14

Herr, zeige mir, ob du von mir willst, daß ich solch ein Prediger deines Evangeliums sein soll. Wenn nicht, dann zeige mir, was du von mir willst, das ich tun soll.

25. November

Als Jesus seinen Jüngern sagte, wo sie das Evangelium verkündigen sollten, sandte er sie bis zu den »äußersten Enden der Erde«. Das hieß wirklich, daß sie ihren eigenen Willen aufgeben mußten. In Jerusalem begegnete man ihnen feindselig. Die Samaritaner waren von jeher ihre natürlichen Gegner. Von sich aus wollten die Jünger überhaupt nicht gehen. Aber die Tatsache, daß Jesus sie schickte, veränderte die ganze Situation. Nun waren sie sich ihrer Sache gewiß und fühlten sich sicher.

> »...Alles nun, was Gott dir gesagt hat, das tu...« 1. Mose 31,16

Herr, gib mir ein aufmerksames Ohr, daß ich höre, was du sagst, und daß ich tue, was du mich zu tun geheißen hast.

26. November

Wenn wir bereit sind, für unseren Herrn zu zeugen, heißt das auch, daß wir bereit sein müssen zu leiden. Wie sieht es bei dir aus? Bist du bereit, mit jedem zu reden, der hören will? Es steht für alle Ewigkeit fest, daß Jesus der Sieger ist. Die ganze Welt gehört ihm!

> »... Gott aber sei Dank, der uns den Sieg gibt durch unsern Herrn Jesus Christus! ...«
>
> 1. Kor 15,57

Vater, mach uns hellhörig für die Nöte der Menschen, die uns begegnen. Nur so können wir ihnen ja dienen, indem wir ihnen die fröhliche Nachricht der großen Liebe bringen, die du uns in deinem einzigen Sohn geschenkt hast.

27. November

Wir brauchen Helden und Heldinnen für Christus, Menschen, denen es am Herzen liegt, hinauszugehen und denen von Christus zu erzählen, die noch nichts von ihm gehört haben. Wir brauchen Menschen, die willig sind, sie auf Jesus hinzuweisen, den Retter der Menschheit.

»...Sie werden mich alle kennen von dem Kleinsten an bis zu dem Größten.«

Hebr 8,11

Herr, wir bitten um Männer und Frauen, die willig sind, das Evangelium denen zu bringen, die es bis jetzt noch nicht gehört haben. Sage mir, was du willst, das *ich* tun soll.

28. November

Die Massen warten auf die »Erntearbeiter«. Ob sie kommen werden? Oder müssen diese Menschen weiterhin warten, bis es zu spät ist und sie schließlich schreien, wenn sie in die Ewigkeit gehen: »Die Ernte ist vorbei, und wir sind nicht gerettet worden!«?

»...Wie sollen sie aber an den glauben, von dem sie nichts gehört haben?« Röm 10,14

Und wieder bete ich, Herr: Zeige mir, was du willst, das ich tun soll.

29. November

Es ist nicht meine Fähigkeit, die zählt, sondern meine Verantwortlichkeit gegenüber den Möglichkeiten Gottes. Es ist auch nicht so sehr von Bedeutung, was mit mir geschieht, sondern was ich aus dem mache, was ich erlebe.

»... wer aber ist dazu tüchtig?« 2. Kor 2,16

»... daß wir tüchtig sind, ist von Gott.«
2. Kor 3,5

Vater, danke, daß du der allgenügsame Eine bist und daß ich immer und überall mit deinen Möglichkeiten rechnen kann.

30. November

Ich stehe staunend vor der unergründlichen Vielfalt der Weisheit und Erkenntnis Gottes. Wie könnten Menschen jemals die Gründe für sein Tun verstehen oder seine Handlungsweisen erklären?

»... wer hat des Herrn Sinn erkannt, oder wer ist sein Ratgeber gewesen?« Röm 11,34

O Herr, wie groß bist du! Ich kann mich nur vor dir beugen und dich anbeten um deiner Majestät und deiner Weisheit willen.

Dezember

1. Dezember

Der Mensch muß durch viele Erfahrungen gehen, um die geistliche Einsicht zu bekommen, die wir brauchen, wenn wir etwas vom Plan Gottes erkennen wollen. Manche Erfahrungen sind dabei sehr hart. Aber Dinge von großem Wert sind niemals leicht zu haben. Wenn wir Gott sein Werk tun lassen, wird er uns seinen Plan Schritt um Schritt zeigen. Eines Tages werden wir das Ganze überblicken dürfen. Wenn wir den Eindruck haben, daß um uns nur noch Dunkelheit ist, dann laßt uns daran denken, daß ein Film auch in der Dunkelkammer entwickelt werden muß, wenn seine Schönheit ans Licht kommen soll.

> »Wo keine Offenbarung ist, wird das Volk wild und wüst...« Spr 29,18

Vater, halte uns dicht bei dir, daß wir in Zeiten der Dunkelheit und der Schwierigkeiten deine Gegenwart spüren können. Danke, daß wir eines Tages den ganzen Plan, den du mit unserem Leben hattest, überblicken dürfen.

2. Dezember

Früher oder später kommt für alle Nachfolger Christi einmal ein Zeitpunkt, an dem »Leib und Seele« verschmachten. Aufregungen und Ängste können wie ein Sturzbach über einen kommen, und wir sehen weder Weg noch Steg, um sie zu überwinden. Die Worte »aber Gott kann« ändern dann mit einem Schlag die Situation.« Amy Carmichael

> »Wenn mir gleich Leib und Seele verschmachtet, so bist du doch Gott, allezeit meines Herzens Trost und mein Teil.« Ps 73,26

Vater, du weißt, daß es Zeiten gibt, wo wir keine Kraft mehr haben. Hilf uns dann, uns an dich zu wenden. Bei dir ist für alle genug.

3. Dezember

Zwei große Mächte sind in der Welt heute am Werk: die unbegrenzte Macht Gottes und die begrenzte Macht Satans. Wenn wir unser Leben und unsere Herzen an Jesus ausgeliefert haben, muß es niemals sein, daß wir überwunden werden.

> »... und (ihr) gestärkt werdet mit aller Kraft durch seine herrliche Macht zu aller Geduld und Langmut.« Kol 1,11

Danke, Vater, daß deine herrliche Macht uns Kraft schenken will, wann immer wir es nötig haben. Und du weißt, wie sehr wir das brauchen, vor allem Geduld und Langmut mit fröhlichem Herzen.

4. Dezember

Wenn wir geistlich wachsen wollen, muß uns bewußt bleiben, daß jeder Bereich unserer Persönlichkeit und unseres Lebens Gott gehört, nachdem wir Jesus Christus als Herrn und Erlöser angenommen haben. Wenn wir leer von uns selbst sind, können wir ganz vom Heiligen Geist erfüllt werden. Dann werden wir Überwinder sein und in der Lage, alle Dinge aus seiner Hand anzunehmen.

> »Oder wißt ihr nicht, daß euer Leib ein Tempel des Heiligen Geistes ist, der in euch ist und den ihr von Gott habt, und daß ihr nicht euch selbst gehört? Denn ihr seid teuer erkauft; darum preist Gott mit eurem Leibe.«
>
> 1. Kor 6,19.20

Herr, wir müssen bekennen, daß wir das noch nicht zu Ende gelernt haben, daß unser Körper nicht uns gehört. Hilf uns, daß wir dich durch die Art, wie wir leben, verherrlichen.

5. Dezember

Die Dinge dieser Welt sind an sich leer, und so ist es auch mit manchen unserer ehrgeizigen Bestrebungen, weil sie auf Irdisches zielen. Jesus hat uns zu Kindern Gottes, des Vaters im Himmel, gemacht, und so möchte er, daß wir auch himmlisch gesinnt sind.

»... daß ihr erfüllt werdet mit der Erkenntnis seines Willens in aller geistlichen Weisheit und Einsicht.« Kol 1,9

Herr, wir bitten darum, daß wir deinen Willen erkennen und geistlich wachsen mögen, so daß wir das Herz unseres himmlischen Vaters mit Freude erfüllen.

6. Dezember

In unseren Tagen ist der Mensch und seine Leistung zunehmend ins Zentrum des allgemeinen Denkens gerückt. Das mag gerechtfertigt erscheinen, weil die Menschheit wirklich eine Menge erreicht hat. Doch wenn wir glauben, daß der Mensch tatsächlich alles im Griff hat, unterliegen wir einem Irrtum. Wir vergessen, daß alles menschliche Denken nur ein Nachdenken ist, das lediglich die Spuren des Entwurfs verfolgt, den ursprünglich Gott sich vor langer, langer Zeit ausgedacht hat, als er den Menschen schuf.

»... in ihm ist alles geschaffen, was im Himmel und auf Erden ist, das Sichtbare und das Unsichtbare ... es ist alles durch ihn und zu ihm geschaffen.« Kol 1,16

Herr, wir beten dich an. Wir danken dir, daß wir wissen, daß du der Allmächtige bist und daß alle Dinge in dir beschlossen liegen.

7. Dezember

Manchmal ist es schwer für einen Christen, seine zwei Rollen miteinander in Einklang zu bringen, nämlich sich vom Denken der Welt abzugrenzen und gleichzeitig ein Teil von ihr zu sein. Wir sind in der Welt, sind aber nicht von der Welt. Zwischen diesen beiden Seinsweisen müssen wir unterscheiden lernen. Wenn wir begreifen, was es heißt, daß wir nicht von der Welt sind, dann geht uns auch das Geheimnis auf, wie wir in ihr leben sollen. Es geht darum, daß wir in allen äußeren Umständen williger werden, Gott und den Menschen um uns herum zu dienen und ihnen von den herrlichen Reichtümern weiterzugeben, die wir in Christus besitzen.

> »Mein Gott aber wird all eurem Mangel abhelfen nach seinem Reichtum in Herrlichkeit in Christus Jesus.« Phil 4,19

O Vater, wie dankbar sind wir dir, daß du uns alles, was wir brauchen, geben willst. Und wir danken dir auch für die wunderbare Verheißung in deinem Wort, die uns zusichert, daß du unser Helfer in jeder Not sein willst.

8. Dezember

Damit wir im Glauben wachsen, müssen wir notwendigerweise in Umstände hineingeraten, in denen wir gezwungen sind, uns nach der Quelle unserer Kraft umzusehen. Auf diese Weise wird unser geistlicher Blick trainiert und wir entdecken neue Dimensionen bei unserem Gott.

»... Alle meine Quellen sind in dir.«

Ps 87,7

Vater, ich kann es mit dem Psalmist sagen, daß es mir gut tut, wenn ich in deiner Nähe bin. Erneuere du meine Kraft, denn du bist die Quelle, von der ich lebe. Und dann hilf mir, anderen davon zu erzählen.

9. Dezember

Gottes Wille ist kein verborgenes Geheimnis, das wir erst entdecken müßten. Du brauchst nur dein Herz für den offenbarten Willen Gottes zu öffnen. Denke daran, daß Gott es wünscht, daß du seinen Willen kennst und daß er selbst alles dazu tut, um ihn dir einsichtig zu machen.

»Darum werdet nicht unverständig, sondern versteht, was der Wille des Herrn ist.«

Eph 5,17

Unser Vater, ich danke dir, daß es so einfach ist, deinen Willen zu erkennen, und daß du selbst mir dabei helfen willst. Laß mich ihn mehr und mehr verstehen.

10. Dezember

Wir müssen die Welt in uns und um uns überwinden. Im Innern begegnen wir dem Stolz, der Selbstsucht, der Schuld, der Bitterkeit, der Gier. All diese Dinge sollen überwunden werden. Von uns aus können wir das niemals schaffen.

> »... mit uns aber ist der Herr, unser Gott, daß er uns helfe und führe unsern Streit...«
>
> 2. Chr 32,8

Danke, Herr, daß du uns immer stärken und uns zum Sieg helfen willst.

11. Dezember

Handelst du so, als ob dein Leben dir gehört? Am Kreuz auf Golgatha hast du das Recht dazu verloren. Christus hat dich dort erkauft – mit allem, was du bist und hast. Was hast du ihm dafür gegeben?

> »Als gehorsame Kinder gebt euch nicht den Begierden hin, denen ihr früher in der Zeit eurer Unwissenheit dientet; sondern wie der, der euch berufen hat, heilig ist, sollt auch ihr heilig sein in eurem ganzen Wandel...«
>
> 1. Petr 1,14.15

Du allein, Herr, kannst uns befähigen, ein Leben der völligen Hingabe zu führen. Hilf uns, daß unser

Leben aufweist, was du tun kannst – darum bitten wir dich.

12. Dezember

Laßt uns nicht vergessen, daß wir Menschen der Ewigkeit sind. Wir sind Bürger des Himmels. Unser Blick geht über diese Welt hinaus.

> »... Hütet euch aber, daß eure Herzen nicht beschwert werden ... mit täglichen Sorgen ...«
> Lk 21,34

Danke, Herr, daß du mir ewiges Leben gegeben hast. Laß dein himmlisches Licht heute auf mein Leben scheinen, so daß ich die Dinge in der rechten Perspektive sehe.

13. Dezember

Es bedeutet niemals Zeitverschwendung, wenn wir auf den Herrn sehen. Dieses Schauen gehört zu den notwendigen Übungen unseres Tages.

> »... Was ich aber euch sage, das sage ich allen: Wachet!« Mk 13,37

Vergib mir, Herr, daß ich so oft in die falsche Richtung schaue. Ich weiß, daß das der Grund für meine Niedergeschlagenheit ist.

14. Dezember

Elia betete zu Gott für seinen Diener: »Öffne ihm die Augen, daß er sehen möge.« Was gab es da zu sehen? Eine große Armee stand zu ihrer Verteidigung bereit. Wir dürfen für andere beten, daß ihre Augen geöffnet werden, aber auch für uns selbst können wir es tun. Es ist der Heilige Geist, der dieses Werk ausführt. Jesus sagte, wir würden Kraft empfangen, wenn der Heilige Geist auf uns kommen würde, und das kommt daher, daß dieser Geist uns eine neue Vision schenkt.

> »Wenn aber jener, der Geist der Wahrheit, kommen wird, wird er euch in alle Wahrheit leiten ...« Joh 16,13

Herr, welch ein Sieg ist das, wenn wir deinen Weg, deinen Plan sehen können.

15. Dezember

Ein Christ, der ein unheiliges Leben führt, ist nicht nach dem Willen Gottes. Er ist eine Last und eine Sorge für Gott. Der Vater möchte, daß sein Kind geheiligt ist.

> »... wie der, der euch berufen hat, heilig ist, sollt auch ihr heilig sein in eurem ganzen Wandel.« 1. Petr 1,15.16

Herr, immer wenn du mir die Anweisung gibst, irgend etwas zu tun, dann gibst du mir auch die Kraft zur Erfüllung deines Befehls. Ich danke dir dafür.

16. Dezember

Wieviel mehr wissen wir doch als die, für die Weihnachten nur aus Glockengeläut und dem Erscheinen des Weihnachtsmannes und gutem Essen besteht, oder die vielen anderen, die sich auf das Fest nur insofern vorbereiten, daß sie ihre Weihnachtskarten rechtzeitig versenden und die Geschenke einpacken! Sie tun ihr Bestes, um jedes Jahr ihre Pflicht zu erfüllen. Es handelt sich für sie eben nur um einen altgewohnten Brauch, und sie fürchten das Gerede der Leute, wenn sie sich nicht mehr darum kümmern. Diejenigen, die Christen kennen, haben, wie die Bibel es ausdrückt, eine »unaussprechliche Gabe« empfangen. Ist er auch Mittelpunkt deines Weihnachtsfestes?

> »Der Herr schaut vom Himmel auf die Menschenkinder, daß er sehe, ob jemand klug sei und nach Gott frage.« Ps 14,2

Herr, dein Heiliger Geist kann uns diese Klugheit schenken. Wir bitten dich, laß deinen Geist mehr und mehr in uns wirken, und erleuchte unser Verständnis, so daß andere den Weg des Lebens finden können durch das, was sie bei uns sehen.

17. Dezember

Wenn Gott uns beruft, geschieht das zu seiner Ehre, nicht, damit wir etwas für ihn tun. Wir werden nicht für Gott in den Kampf geschickt, sondern werden von ihm gebraucht in der Schlacht, die er selbst führt. Liegt uns mehr an irgendeinem Dienst als an Jesus Christus selbst?

> »... Herr, du weißt, daß ich dich liebhabe. Spricht Jesus zu ihm: Weide meine Lämmer.«
> Joh 21,15

O Herr, ich liebe dich, und darum bin ich so froh, wenn du mich brauchst. Gib mir den Blick für das, was du willst.

18. Dezember

Heiligung ist nicht ein schweres Joch, sondern ein Akt fröhlicher Befreiung. Wenn du dein Leben Jesus Christus vollständig anvertraut hast, will er diese Befreiung in dir bewirken.

> »... Jesus Christus, der uns von Gott gemacht ist ... zur Heiligung ...« 1. Kor 1,30

Danke, Vater, daß du alles, was du uns auch immer aufträgst, durch deinen Sohn Jesus Christus möglich machst.

19. Dezember

Jemand fragte Henrietta Mears eine Woche vor ihrem Tode: »Wenn du die Möglichkeit hättest, dein Leben noch einmal von vorne zu beginnen, was würdest du anders machen?«
Ihre Antwort lautete: »Ich würde Jesus noch mehr trauen, als ich es bisher in meinem ganzen Leben getan habe.«

> »... Durch Stillesein und Hoffen würdet ihr stark sein ...« Jes 30,15

Herr, laß mein Vertrauen durch deinen Heiligen Geist immer mehr wachsen.

20. Dezember

Heiligung versetzt uns auf ein neues Schlachtfeld: das des Geistes. Dem Satan liegt daran, daß wir unser Ich immer im Blickfeld behalten – wie, wirkt was ich »für Gott« tue, auf andere; was habe ich von dem, was ich tue; fällt das rechte Licht auf meinem Glauben? Welche großartigen Erfahrungen habe ich gemacht? – und dann sagt er: »Ruh dich auf deinen Erfahrungen aus!«

> »Seid ihr so unverständig? Im Geist habt ihr angefangen, wollt ihr's nun im Fleisch vollenden?« Gal 3,3

Herr, ich weiß, daß ich in meiner eigenen Kraft die Dinge deines Reiches niemals bewerkstelligen kann. Aber danke dafür, daß es mir in deiner Kraft möglich ist.

21. Dezember

Wir berauben das Werk Jesu seiner Wirkung, und wir stehen kraftlos vor dem Gegner, wenn wir die Gültigkeit des Wortes Gottes anzweifeln. Es gibt keinen anderen Weg, die Wahrheit der Bibel auszuprobieren, als daß man ihr glaubt und danach lebt.

> »Er ist der Abglanz seiner Herrlichkeit und das Ebenbild seines Wesens und trägt alle Dinge mit seinem kräftigen Wort...« Hebr 1,3

Wir danken dir, Herr, daß deine Kraft uns zur Verfügung steht, wenn wir nur in der Abhängigkeit von dir bleiben. Gebrauche uns, so daß andere sehen mögen, daß du der allein weise Gott bist.

22. Dezember

Weihnachten ist keine Pflichtübung! Das Kommen Jesu war eine freie Gabe an uns alle. Weihnachten erinnert uns an die Tatsache, daß er als kleines Kind in diese unsere Welt hineingeboren wurde. Laßt uns unsere Herzen auf das Fest einstellen, damit wir in der

Lage sind, auch anderen Menschen den Sinn dieses Ereignisses nahezubringen.

> »Da sprach ich: Siehe, ich komme; ... Deinen Willen, mein Gott, tue ich gern ...« Ps 40,7.8.9

Herr, wir danken dir, daß du willig warst, auf diese Erde zu kommen mit dem Wunsch, den Willen des Vaters zu erfüllen. Mache nun auch uns willig zu allem, was du von uns wünschst.

23. Dezember

Wir lernen krabbeln, bevor wir gehen können, und wir gehen, bevor wir rennen können. Das ist die natürliche, menschliche Entwicklung bei uns allen. Und man kann es auch auf alle anderen Lebensgebiete übertragen. Keiner sollte versuchen, vor sich selbst wegzulaufen, er schafft es doch nie. Eine andere Sache ist es aber, daß wir das »Krabbeln«, das »Gehen« und das »Rennen« *lernen* müssen – und dafür brauchen wir die Hilfe von anderen. Die Bibel spricht in ähnlicher Weise von Entwicklungsstufen auf dem Weg mit Gott.

> »Ich lehrte Ephraim gehen, und nahm ihn auf meine Arme ...« Hos 11,3

Himmlischer Vater, danke, daß du uns hilfst, uns führst, uns lehrst in den kleinsten Einzelheiten des täglichen Lebens. Mache uns willig zu gehorchen.

Hilf, daß wir nicht versuchen, die Dinge mit unserer eigenen begrenzten Kraft zu vollbringen. Laß uns auf deinen Zeitpunkt warten, wenn du uns erziehst.

24. Dezember

Wir sind Gottes Kinder, wenn wir Jesus Christus als unseren Herrn und Erlöser angenommen haben. Wenn wir uns dessen nur wirklich bewußt wären, daß wir unbedingt zu ihm gehören, dann wären alle Dinge so anders. Gott erinnert uns immer wieder daran, und wenn er unser Leben für sich beansprucht, dann deshalb, weil wir das gleiche ewige Leben mit ihm teilen.

> »Seht, welch eine Liebe hat uns der Vater erwiesen, daß wir Gottes Kinder heißen sollen – und wir sind es auch! ...« 1. Joh 3,1

Vater, wir beugen uns vor dir und beten dich an. Es geht weit über unser Verstehen hinaus, daß du uns so sehr liebst.

25. Dezember

Gott hat den Himmel einen Spalt weit geöffnet, um die Hirten ein wenig hineinsehen zu lassen. Er will dir eine noch viel größere Freude gewähren, wenn du dein Herz für die Fülle des Heiligen Geistes öffnest. Auch heute kann es geschehen, daß deine Augen etwas von den weiten Räumen der Ewigkeit erblicken.

»... wir werden verklärt in sein Bild von einer Herrlichkeit zur andern von dem Herrn, der der Geist ist.« 2. Kor 3,18

Herr, ich möchte gerne heute schon mehr sehen. Willst du mir bitte durch deinen Heiligen Geist die Augen öffnen? Danke!

26. Dezember

Jesus will uns nicht nur aus unseren Sünden erretten – er möchte auch Gottes Ebenbild in uns wieder herstellen. So wie er können wir niemals lieben, aber es ist auch nicht notwendig. Wenn wir unsere schwache Hand in die starke unseres Herrn legen, dann will er alles bewirken. Er selbst läßt seine Liebe überströmen. Stell dir das doch nur vor – untadelig in Heiligkeit! Das erreichen wir niemals durch eigenes Bemühen. Aber er kann es!

»Er aber, der Gott des Friedens, heilige euch durch und durch und bewahre euren Geist samt Seele und Leib unversehrt, untadelig für die Ankunft unseres Herrn Jesus Christus.«
1. Thess 5,23

Unser Vater, wir beten dich an. Du bist der Allmächtige, Einzigartige, und du willst das in uns tun, was wir von uns aus niemals tun können. Danke für die Größe deiner Kraft.

27. Dezember

Wie ist es möglich, untadelig zu sein – heilig? Wenn wir uns selbst ansehen, ängstigen uns solche Aussagen geradezu. Doch wenn wir auf den Herrn schauen, brauchen wir uns nicht zu fürchten, denn im Vers 24 in 1. Thessalonicher 5 heißt es: »Treu ist er, der euch ruft; er wird's auch tun.«
Wir können uns auf diese Worte verlassen, weil wir wissen, daß am Kreuz auf Golgatha alles vollbracht wurde, was nötig war, um uns für die Zukunft vorzubereiten. Jesus sagte: »Es ist vollbracht!« Und wenn wir auf's Kreuz schauen, wissen wir: Treu ist er, der das tat, und der auch alles tun will, was noch nötig ist. Es ist Jesus, der uns ruft.

> »Ich bin gekommen, die Sünder zur Buße zu rufen und nicht die Gerechten ...« Lk 5,32

Herr, wir danken dir, daß *du* uns rufst. Du weißt, wie schwach wir uns in uns selber fühlen, wie wir uns niemals selbst untadelig und heilig machen dadurch, daß wir uns anstrengen. Aber oh, wir danken dir, daß du alles getan hast, was getan werden mußte, und daß wir es nur von dir anzunehmen brauchen.

28. Dezember

Wird Gott besiegt werden? Nein! Nach der Zeit der Dunkelheit wird seine Posaune erschallen und sein

Sohn Jesus Christus wird erscheinen. Dann wird es sichtbar werden, daß das Evangelium allen Nationen gebracht worden ist.

> »Denn er selbst, der Herr, wird, wenn der Befehl ertönt, wenn die Stimme des Erzengels und die Posaune Gottes erschallen, herabkommen vom Himmel, und zuerst werden die Toten, die in Christus gestorben sind, auferstehen.
> Danach werden wir, die wir leben und übrigbleiben, zugleich mit ihnen entrückt werden auf den Wolken in die Luft, dem Herrn entgegen; und so werden wir bei dem Herrn sein allezeit.« 1. Thess 4,16.17

Welch eine wunderbare Zukunft liegt vor uns, Herr. Wir warten auf den Tag deiner Wiederkunft. Hilf uns, daß wir uns gegenseitig immer wieder ermutigen.

29. Dezember

Welch eine Freude ist es doch, ihn, den Herrn Jesus Christus zu kennen, der in Bethlehem geboren wurde, am Kreuz für unsere Sünden starb, der auferstand und nun immer bei uns ist, bis zum Ende der Welt! Laßt uns tun, was die Hirten taten – es allen weitersagen, die bereit sind, es zu hören.

»Der auch seinen eigenen Sohn nicht verschont hat, sondern hat ihn für uns alle dahingegeben – wie sollte er uns mit ihm nicht alles schenken?« Röm 8,32

Unser Vater, wir können dir nur danken für deine große Gabe in Jesus Christus, deinem Sohn, indem wir die gute Nachricht von der großen Freude an andere weitergeben.

30. Dezember

Die sichere Hoffnung eines jeden Kindes Gottes besagt, daß der Tod nicht das Ende ist, sondern nur das Tor zu einem wichtigeren, schöneren Leben. Das nimmt dem glaubenden Menschen die Furcht vor dem Tod. Wenn wir unser Herz an Jesus ausgeliefert haben, können wir sicher sein, daß er im Haus seines Vaters für uns eine Wohnung bereitet hat.
Der Tod ist keine Grube, sondern ein Tunnel, der zu einer weit größeren Fülle von Licht führt, als uns jemals vorher begegnet ist. Wir werden uns nämlich dann im Licht Gottes wiederfinden.

»Aber ich weiß, daß mein Erlöser lebt, und als der letzte wird er über dem Staub sich erheben. Und ist meine Haut noch so zerschlagen und mein Fleisch dahingeschwunden, so werde ich doch Gott sehen.« Hiob 19,25.26

Herr, wie sehne ich mich nach diesem Tag. Dann werde ich dich sehen und nicht länger das Licht der Sonne oder einer Lampe brauchen, weil du mir dein Licht gibst.

31. Dezember

Dieses Jahr hat uns dem großen Endkampf und auch der Wiederkunft Jesu näher gebracht. Möchte der Herr doch dich und mich gebrauchen, damit sein Reich bald kommen kann. Wenn die letzten Menschen ohne Gott den Ruf gehört haben, wird es so weit sein. Der Herr könnte dich und mich gebrauchen, diese letzten zu ihm zu führen. Welche Freude würde das sein!

> »... seid gleich den Menschen, die auf ihren Herrn warten ... Selig sind die Knechte, die der Herr, wenn er kommt, wachend findet ...«
>
> Lk 12,36.37

Herr, zeige mir bitte, ob meine Hingabe an dich kompromißlos ist, oder ob es einen Grund gibt, der mich daran hindert, die Frucht des Geistes in Fülle zu empfangen. Herr, gebrauche mich, um dein Reich zu bauen.

hänssler

Leseprobe aus dem Corrie ten Boom-Set: »Randnotizen aus meinen Tagebüchern«

Ein Kind wird sie führen

»... wer das Reich Gottes nicht annimmt wie ein Kind, der wird nicht hineinkommen« (Lk 18,17).

Kinder können eine so fröhliche Ergänzung unserer oft ernsten und freudlosen Welt sein. Sie öffnen uns die Augen für die Wunder der Schöpfung und lassen uns über ungeheuer wichtige Fragen nachdenken, z. B.: »Warum fällt der Mond nicht runter?« Oder: »Warum ist das Gras grün und nicht rot?« So treiben sie uns in die Enge, und ihr Lachen wirft auf manches Leben einen glänzenden Sonnenstrahl.
Auf meinen Reisen haben mich die Kinder oft stark beeindruckt. Wie aufrichtig sind sie doch, und wie offen bringen sie ihre Gefühle zum Ausdruck! Sie schämen sich durchaus nicht, auch einmal ihre Schwäche zuzugeben. Aber oft verteidigen sie auch das, was sie als recht erkannt haben. Dabei kümmern sie sich dann nicht um die Umstände oder die möglichen Folgen ihres Tuns.
Mir fällt dazu die Geschichte einer ostdeutschen Lehrerin ein, die ihrer Klasse erzählt hatte, daß es keinen Gott gebe. Nach dem Unterricht fragte sie die Kinder, wer nun immer noch an Gott glaube. Ein kleines Mädchen meldete sich. Es mußte eine Stunde nachsitzen und sollte in dieser Zeit hundertmal schreiben: »Ich glaube nicht, daß es einen Gott gibt.« Das brachte die Kleine nicht fertig. Sie schrieb deshalb: »Ich glaube, daß es einen Gott gibt.« Die Lehrerin wurde so wütend über sie, daß sie ihr als Hausaufgabe auftrug, noch an demselben Abend tausendmal zu schreiben: »Ich glaube, daß es keinen Gott gibt.« Das Mädchen schrieb nun tausendmal sein persönliches

Bekenntnis auf, obwohl es wußte, daß es dafür in der Schule schwer bestraft würde. Dieses Kind glaubte wirklich an Gott und wollte ihn nicht verleugnen – ohne Rücksicht auf die Folgen. Wieviel können wir von ihm lernen!
Kinder besitzen außerdem eine ganz besondere Freiheit im Umgang mit ihrem himmlischen Vater. Sie kennen die Barrieren nicht, die Erwachsene zwischen sich und ihrem Herrn aufrichten.
Eine Mutter erzählte mir einst von ihrem kleinen Jungen. Sie fand ihn eines Tages in einer Zimmerecke hocken und hörte ihn murmeln: »A-B-C-D-E-F-G ...«
»Was machst du denn da?« fragte sie ihn.
»Mutti, du hast doch gesagt, daß ich beten soll. Aber ich habe noch nie im Leben gebetet und weiß gar nicht, wie man das macht. So habe ich Gott das Alphabet aufgesagt und ihn gebeten, ein richtiges Gebet daraus zu machen.«
Dieser Junge hatte instinktiv etwas von dem erfaßt, was Paulus in Römer 8,26 schreibt, nämlich daß der Heilige Geist uns beim Beten hilft.
Das ganze Verhältnis zwischen Eltern und Kindern läßt uns – bei einer guten Beziehung – manches für unser geistliches Leben lernen. Meine Geschwister und ich wußten uns von den Eltern geliebt. Sie hatten immer nur unser Bestes im Auge; da gab es überhaupt keinen Zweifel. Sie waren absolut vertrauenswürdig, und wir Kinder fühlten uns zu Hause jederzeit sicher und gut aufgehoben. Diese Liebe unserer Eltern stellte für uns eine großartige Einführung in die Beziehung zu unserem himmlischen Vater dar. Wir sind ja auch seine geliebten Kinder. Seine Liebe zu uns ist so groß, daß wir sie nicht im mindesten verstehen können. Mitten in der Hetze und dem Kleinkram unseres Alltags sollten wir immer daran denken, daß Gottes Liebe uns zu Überwindern machen kann, wenn wir ihn wie ein Kind aufnehmen – mit offenem und vertrauensvollem Herzen.
»Prüfen wir unsere Wege, erforschen wir sie und kehren wir um zum Herrn« (Kla 3,40).